Ilustrações
com Photoshop

Obra originalmente publicada sob o título Illustrations avec Photoshop - Cahiers du Designer 7

ISBN 2-212-11247-5

Tradução autorizada a partir do original de língua francesa, de autoria de Bengal, N. Bouvier,
B. Carré, J. Darmont, N. Fructus, Hippolyte, J. Legars, A. Quaresma, M. Sauvage

©2003 Editions Eyrolles, Paris, France

Capa: *Gustavo Demarchi, arte sobre capa original*

Supervisão editorial: *Arysinha Jacques Affonso e Denise Weber Nowaczyk*

Editoração eletrônica: *Laser House*

Ouvrage publié avec le concours du Ministère français de la Culture - Centre national du livre.
Edição autorizada através do Ministério de Cultura da França - Centro nacional do livro.

Créditos das fotos:

Ateliê Benjamin Carré © Éditions Carabas, todos os direitos reservados.

Ateliê Nicolas Fructus © *Casus Belli*, hors-série n° 1, Laelith.

Ateliê Joël Legars: imagem extraída de *À l'école des oursons*, textos de
Anne Schwarz-Henrich, ilustrações de Joël Legars,
© Callicéphale Éditions, 2003.

Reservados todos os direitos de publicação, em língua portuguesa, à
ARTMED® EDITORA S.A.
(BOOKMAN® COMPANHIA EDITORA é uma divisão da
ARTMED® EDITORA S.A.)
Av. Jerônimo de Ornelas, 670 – Santana
90040-340 – Porto Alegre RS
Fone: (51) 3027-7000   Fax: (51) 3027-7070

É proibida a duplicação ou reprodução deste volume, no todo ou em
parte, sob quaisquer formas ou por quaisquer meios (eletrônico, mecânico,
gravação, fotocópia, distribuição na Web e outros), sem permissão expressa
da Editora.

SÃO PAULO
Av. Angélica, 1.091 – Higienópolis
01227-100 – São Paulo – SP
Fone: (11) 3665-1100   Fax: (11) 3667-1333

SAC 0800 703-3444

IMPRESSO NO BRASIL
PRINTED IN BRAZIL

I29   Ilustrações com Photoshop / Bengal ... [et al.] ;
tradução Camila do Nascimento Fialho. – Porto
Alegre : Bookman, 2007.
80 p. : il. ; 23 cm.

O autor só usou o sobrenome na página de rosto.
ISBN 978-85-60031-54-2 ou 85-60031-54-5

1. Computação – Programa – Photoshop. I. Bengal.

CDU 004.4PHOTOSHOP

Catalogação na publicação: Júlia Angst Coelho – CRB 10/1712

Ilustrações com Photoshop

BENGAL

NICOLAS **BOUVIER**

BENJAMIN **CARRÉ**

JUDITH **DARMONT**

NICOLAS **FRUCTUS**

HIPPOLYTE

JOËL **LEGARS**

ANTOINE **QUARESMA**

MARGUERITE **SAUVAGE**

Tradução
Camila do Nascimento Fialho

Revisão
Luiz Eduardo Robinson Achutti
Doutor em Antropologia pela Universidade de Paris 7 Denis - Diderot
Professor adjunto II do Instituto de Artes da UFRGS

Patrícia Chittoni Ramos Reuillard
Mestre em Lingüística Aplicada pela PUCRS
Professora assistente do Instituto de Letras da UFRGS

2007

"O robô, sozinho há muito tempo, não sabia que seu presente de boas-vindas não seria apropriado para a jovem lady…" Essa frase, que traduz a intenção desta imagem, veio-me à mente e inspirou-me para sua realização.

A maioria das minhas ilustrações é feita assim, de pequenos universos instantâneos que passam pela minha cabeça, combinações de coisas lidas ou ouvidas e que desaparecem depois de algumas horas…

ateliê 01

BENGAL

Robot Lady

Croquis — Idéia geral — Imagem final

Esta ilustração parte da idéia clássica de confrontar dois mundos opostos: a frieza consistente de um universo robótico imaginário e a presença intrusa de uma jovem. Trata-se de uma ilustração um tanto banal. A composição não precisava ser original. O ambiente dos dois protagonistas devia ser fechado para conservar o aspecto intimista desse encontro inesperado e, ao mesmo tempo, dar a impressão de que o lugar estava fechado ao redor da jovem. É por isso que o enquadramento está centralizado e que não há fonte de luz direta na imagem.

Não me impus regras precisas quanto à cor, exceção feita ao acabamento geral: era preciso que o conjunto não fosse reluzente, e sim envelhecido, abandonado, sem vida. É por isso que os tons da jovem perderam bastante a cor de pele habitual, e que o robô e o fundo ficaram com tons enferrujados e texturizados.

"o robô, sozinho há muito tempo, não sabia que seu presente de boas-vindas não seria apropriado para a jovem lady..."

Etapa 1

A silhuetagem

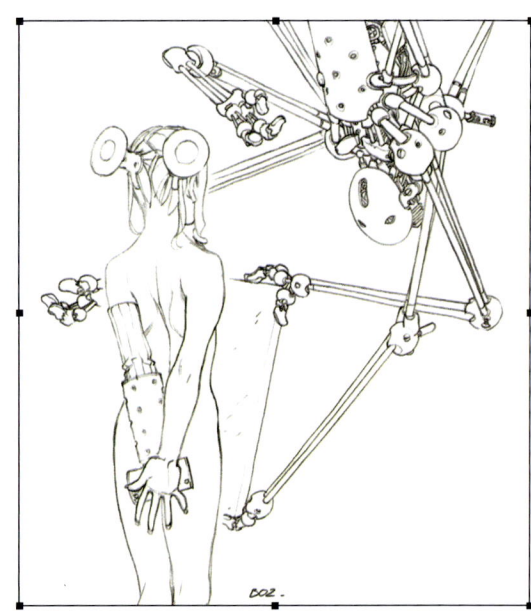

Primeiro, é preciso limpar e reforçar o desenho para que ele não desapareça quando o canal de cor que preferencialmente será escuro, for aplicado. Mesmo que o efeito do lápis seja interessante, pode ser que ele não esteja marcado o suficiente e que as áreas mais escuras apaguem o traço da imagem final. Entretanto, o desenho escaneado (o original) será preservado ao longo da operação para o caso de erro.

Eu duplico, então, a camada de base e limpo e apago as pequenas imperfeições causadas pelo papel, pelo lápis ou pelas eventuais poeiras do scanner sobre essa duplicata. Esta etapa é opcional: pode-se conservar esses traços que conferem uma leve textura ao conjunto. Mas tenho em mente a idéia de um grão preciso para o acabamento final (freqüentemente, coloco o mesmo grão em todas as minhas imagens) e já deixei de lado várias texturas. No entanto, a textura não deve ser aplicada desde o começo: ela é mais um elemento perturbador que um elemento gráfico real de partida. Mas, sobre a textura, falarei depois.

Para neutralizar facilmente as imperfeições, uso um ajuste, Curvas (Imagem> Ajustar> Curvas). Com a ajuda do conta-gotas Curvas>Ponto branco, seleciono a área mais suja do papel, apago os cinzas e deixo a superfície bem branca. Essa ferramenta de ajuste elimina todos os tons compreendidos entre o cinza selecionado pelo conta-gotas e o branco puro (a ferramenta Curvas>Ponto preto também elimina todos os tons compreendidos entre o cinza selecionado e o preto puro).

Para reforçar o traço, um pequeno ajuste (+5 ou +10 para Imagem>Ajustar> Brilho/Contraste) basta para marcar o desenho definitivamente.

Passo a camada para o modo Multiplicação a fim de torná-la transparente e deixar à mostra todas as camadas que estão sob ela, na pilha de camadas, cuidando para que fique no alto da pilha durante a seqüência da operação.

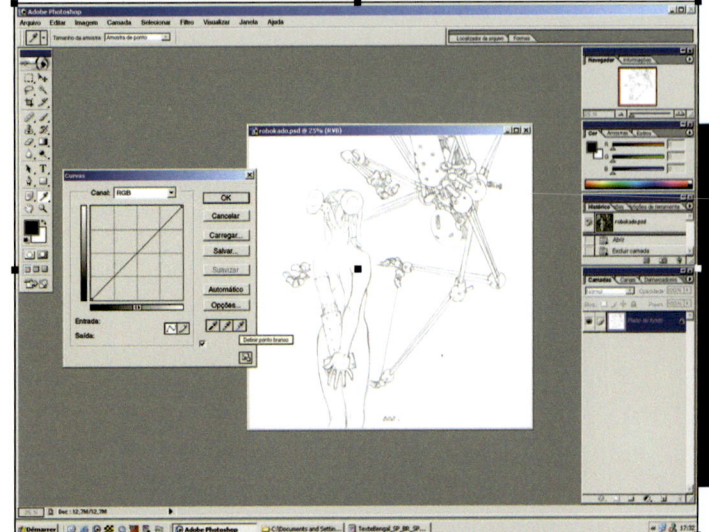

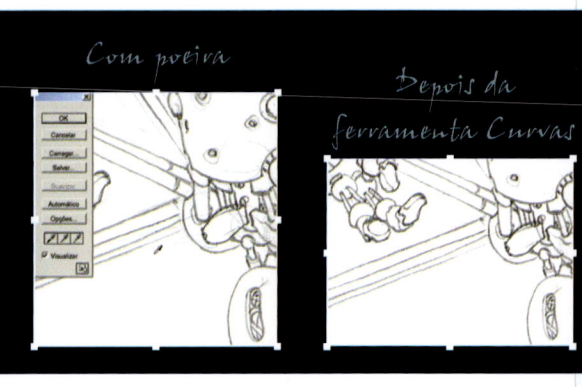

Com poeira   Depois da ferramenta Curvas

01 – Robot Lady

Etapa 1

Pode acontecer de eu querer tornar o desenho mais "sólido", como se ele estivesse impresso, para obter um traço realmente preto (mas não mais espesso que o desenho a lápis). Foi o caso aqui. Existem, provavelmente, vários outros meios, sobretudo aumentando o brilho e o contraste para valores duas ou três vezes superiores aos que usei, mas o meu preferido é passar um filtro sobre o desenho.

Duplico a camada que acabo de limpar (também em modo Multiplicação) e escolho o filtro Recorte de Arestas (Filtro>Artístico>Recorte de Arestas). Como esse filtro varia muito, é importante dosar bem os três parâmetros: não reduzir a linha de Níveis (ou o preto do desenho corre o risco de sofrer um novo recorte muito tosco: quanto mais "níveis", mais o traço mantém variantes de cinza), baixar o parâmetro Simplicidade da Aresta para evitar que o traço se torne uma forma geométrica grosseira e aumentar o parâmetro Fidelidade da Aresta para assegurar que a forma improvisada pelo programa continue fiel ao desenho. Ao acrescentar a camada de base do desenho anterior com transparência, obtém-se um desenho marcado.

De perto, a diferença é evidente. ■

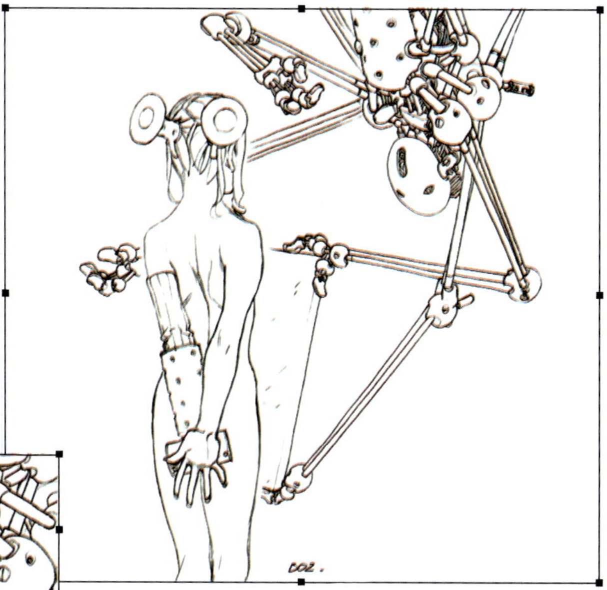

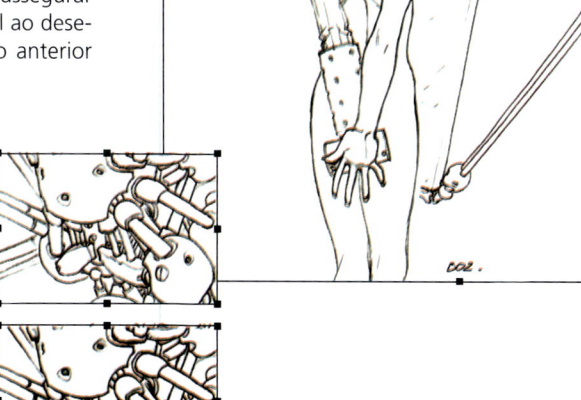

Realiza-se, assim, um verdadeiro processo de (**impressão**
em apenas alguns segundos.

O filtro Recorte de Arestas depende, em parte, da resolução da imagem. O valor de 200 dpi é um bom meio-termo: em resolução mais baixa, a figura geométrica obtida depois da transformação poderá ser tosca; por outro lado, não há problema algum em usar uma resolução maior... mas isso requer ainda mais da capacidade de memória do computador, e não há um real benefício quanto à qualidade do acabamento final.

Etapa 2

Cor e brilho

É hora de aplicar as principais intenções de cor, e necessariamente não preciso ter em mente a paleta que vou usar antes de experimentar algumas grandes pinceladas sobre a superfície. Minha principal ferramenta é o Pincel.

Para *Robot Lady*, eu queria um ambiente preferencialmente frio, mais ou menos monocromático: começar por tons dessaturados é uma maneira tímida, mas interessante de fazer vir à tona as intenções maiores.

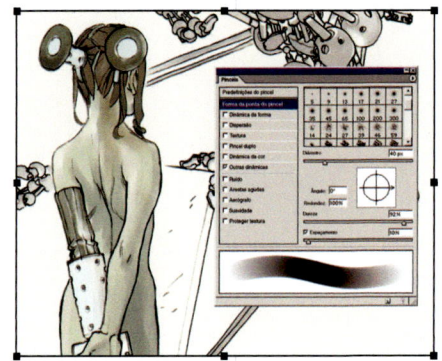

Neste estágio, há apenas grandes pinceladas, mas o essencial está presente para me convencer a finalizar a imagem sobre esta base. A cor parece equilibrada: não está nem muito saturada, nem muito viva a ponto de perturbar a legibilidade no momento. Ela não é muito "ousada" para causar problema mais tarde, e é possível discernir as massas de sombras (ainda leves, pois é preferível avançar um pouco na imagem antes de carregar as cores escuras. Sempre haverá tempo, mais tarde, para ressaturar certas áreas, depois de ter trabalhado um pouco melhor os volumes, mesmo que eles sejam poucos.).

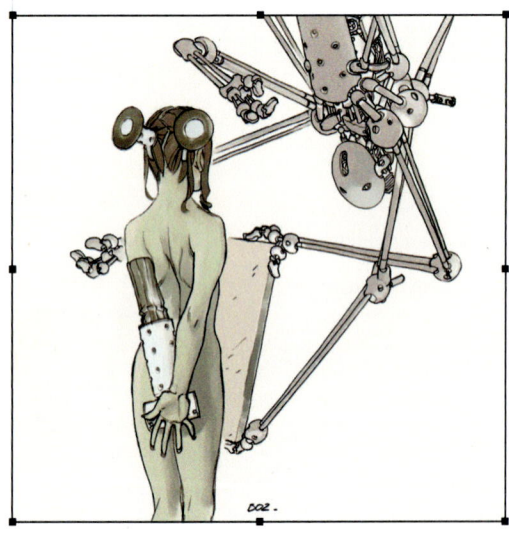

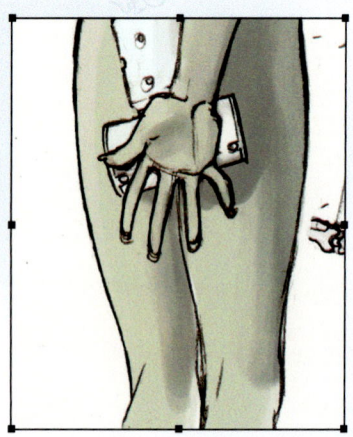

Escolhi de onde vem a luz principal em função da disposição dos personagens e do bloco que o robô sustenta (é preciso não esquecê-lo, ele é uma das três massas da imagem). A fim de não perder muito a noção do contraste por causa do brilho, coloquei um fundo branco esmaecido sob todas as outras camadas, logo acima do *background* (o desenho inicial no qual não se tocou).

De perto, vê-se nitidamente que o traço a lápis está ainda bem presente neste estágio, e que as primeiras pinceladas são intuitivas e rápidas.

01 – Robot Lady

Etapa 2

Logo depois dessa primeira prova de tons principais, sombrear o fundo permite isolar o centro da cena. Aproveito para aperfeiçoar um pouco mais a cor do robô e da jovem. Já tenho umas dez camadas porque faço os acréscimos de brilho e de sombras nas camadas complementares, as quais posso encontrar facilmente ou suprimir no final do trabalho se certos detalhes se mostrarem excessivos.

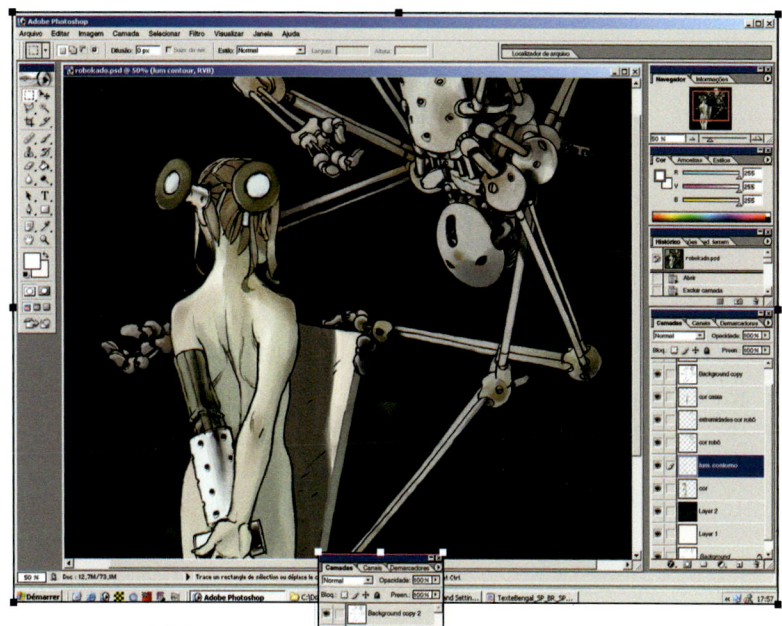

Para não se perder, nomear sumariamente as camadas é um pequeno truque bastante simples e bem prático.

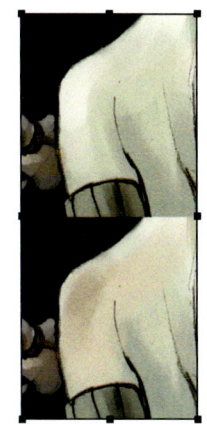

Existe portanto, além disso, uma camada de cor escura por cima do bege claro do fundo (feito com pincel de grande diâmetro), uma camada para a luz que cai sobre os ombros e a cabeça da jovem e uma camada para as articulações enferrujadas do robô. A camada complementar para a menina não contém apenas luz: sua pele é mais quente, um pouco de cor creme ou vermelha era necessário.

Na operação, as camadas Cor e Cor robô que contêm, respectivamente, as primeiras matizes de cores da jovem e do robô foram retocadas e aperfeiçoadas da mesma forma em função dos acréscimos: as pinceladas desaparecem e se interpenetram para serem menos grosseiras, a sombra é igualmente mais pronunciada. O corpo da jovem está quase pronto, é preciso não carregar muito a pele nua porque, como veremos mais tarde, esse elemento contrastará com a textura granulada do resto. ■

A escolha dos tons é discreta,
mas muito importante.

ILUSTRAÇÕES COM PHOTOSHOP

Etapa 3

O fundo

Os dois protagonistas estão, por ora, isolados no centro da imagem... Geralmente eu desenho o cenário ou os elementos próximos na própria imagem, mas, seja por precaução excessiva, seja por hesitação entre duas possibilidades, pode acontecer de eu pesquisar em outras páginas do caderninho de notas. Demorei a escolher o cenário para esse fundo porque não encontrei logo o adequado (alguns eram muito "abertos").

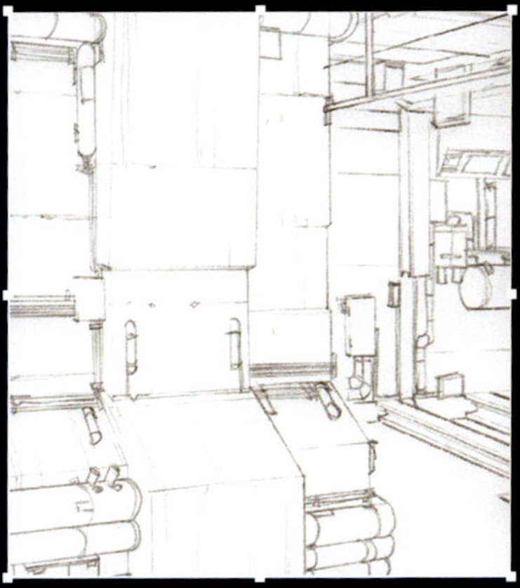

Depois de ter escolhido e desenhado o ambiente ideal, eu o escaneio. Esse fundo não recebe o mesmo tratamento que o desenho de base: ele é colocado na ordem das camadas, logo abaixo das duas camadas do desenho a lápis, *Background copy* e *Background copy 2*, e também passa para o modo Multiplicação. Depois, basta apagá-lo de maneira que apareça claramente o robô e a jovem. Mas, em vez de ser reforçada com um filtro Recorte de Aresta ou com um procedimento similar qualquer, essa camada de fundo é desfocada para não sufocar a imagem sob os traços do lápis. Para isso, basta reduzir a opacidade da camada.

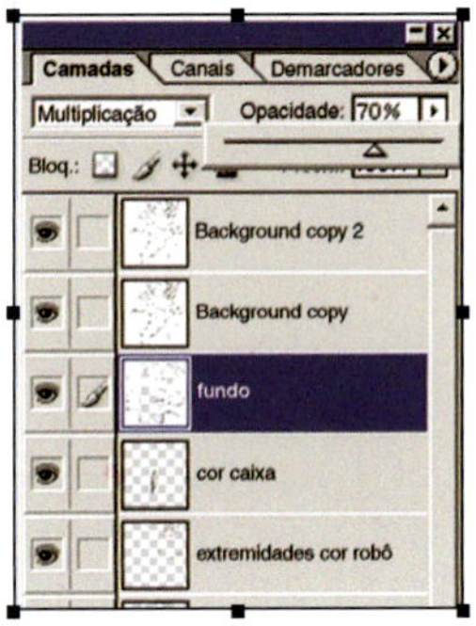

Aqui, um cenário possível para o fundo, mas ele era aberto na parte à direita... isso não me convinha.

Assim ele passa para plano de fundo simplesmente.

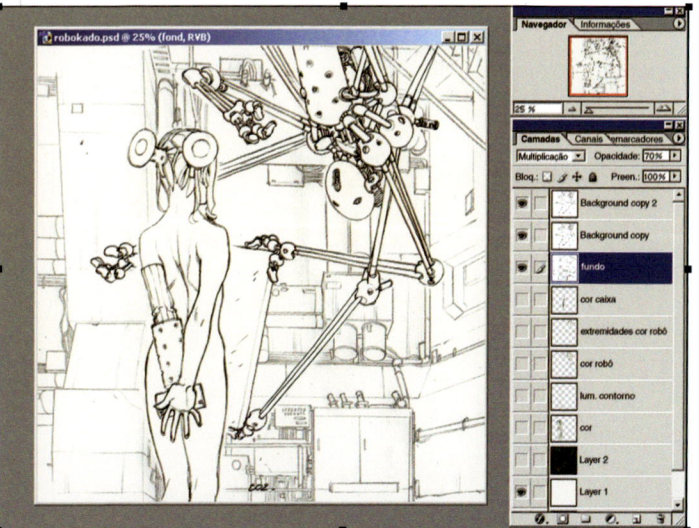

10

01 – Robot Lady

Etapa 3

Para a cor do fundo, preciso isolar a cor escura do ambiente (aqui, lembre-se, a camada azul escuro); então torno todas as outras camadas de cor momentaneamente invisíveis, clicando sobre o ícone "olho" que acompanha cada camada. Deixo visíveis apenas as camadas do desenho dos personagens, do desenho do cenário e de cor escura (preservo os personagens para não colorir inutilmente o cenário onde ele não será visto).

Crio uma nova camada, na qual colocarei os valores de cores do fundo, e coloco-a entre a camada de desenho do fundo (Fundo) e a última camada de cor (Cor caixa) a fim de cobri-la com o traço do cenário assim como o dos personagens.

O fundo não deve ser nem muito luminoso, nem muito contrastado: como ele não é o foco principal do desenho, não deve chamar a atenção. A discrição do fundo é tão primordial quanto a sua presença! Os toques de cor são um pouco mais claros, mas não muito: eles realçam levemente os volumes desenhados no fundo.

Ao tornar visíveis todas as camadas para verificar o equilíbrio geral, percebo um problema: o ângulo, no alto à esquerda da imagem, está muito "pesado" e, por isso, comprime o centro da imagem. Decido iluminá-lo: como a origem da luz está fora do campo visual, nas costas da jovem, posso clarear somente o alto da imagem, como se a luz caísse de mais alto, sugerindo a silhueta, em sombras projetadas, de um entrelaçamento de tubos em algum lugar acima da cena.

A imagem já está bem melhor balanceada, arejada. Conservo esse equilíbrio que me parece satisfatório.

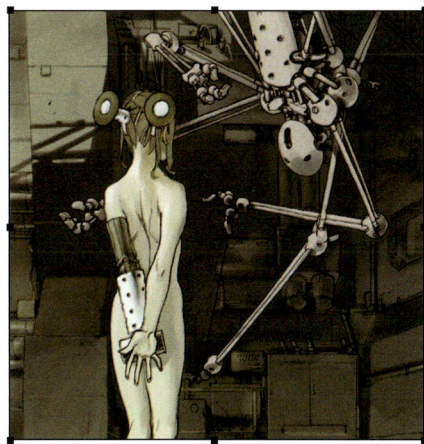

Agora, o fundo da imagem adquiriu todo seu peso.

Esses toques são, em um primeiro momento, direcionados à base da imagem: o alto permanece escuro para conservar um aspecto inquietante, carregado.

11

Etapa 4

Os acréscimos de matiz

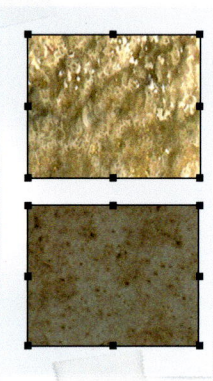

Dar pequenos toques de cores e alguns borrifos de branco, acrescentar grão ao conjunto ou ferrugem ao robô, retocar matiz e saturação aqui ou ali são pequenos reparos finais indispensáveis. Para o grão do fundo e o metal do robô, nada melhor do que uma textura existente: um muro desgastado, metal enferrujado, madeira... O ideal é você mesmo fotografar esses materiais, mas existem bancos de dados na internet. Aqui, escolhi uma textura de pintura envelhecida para o fundo e uma textura porosa para a ferrugem (os pequenos buracos formam perfeitos pontos de ferrugem).

As texturas são aplicadas como "efeitos" sobre as cores: suas camadas são colocadas acima de todas as camadas de cores e, depois, passadas para o modo Sobrepor.

Esse modo realça o brilho e a cor das camadas inferiores em função das informações de cores que carrega; ele dá um acabamento extremamente saturado. Para torná-lo discreto, basta reduzir sua opacidade para menos de 10%: o resultado é uma leve perturbação, um leve grão, mas notável. Agora, falta apenas apagar as texturas onde são indesejáveis (sobre o corpo nu da jovem).

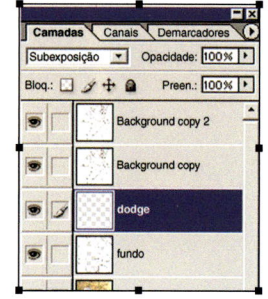

Restam ainda duas últimas camadas complementares. A primeira é simples de acrescentar: colocar uma nova camada no alto da pilha (mas abaixo das camadas a lápis) e colocá-la em modo Subexposição.

A propriedade desse modo é a de "queimar", literalmente, as cores das camadas inferiores: pintar por cima com uma cor clara resulta em um branco estourado, bastante brilhoso – ver os reflexos de luz sobre os prendedores de cabelo de metal da jovem, o robô e algumas peças em metal no fundo.

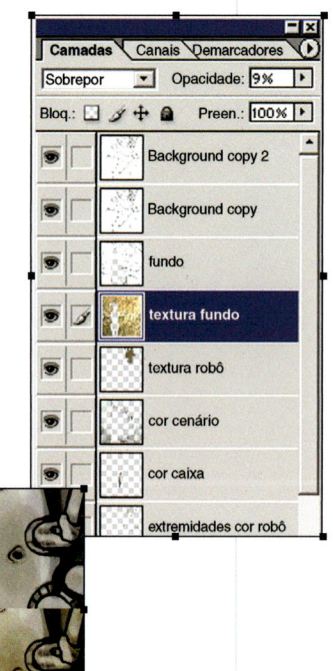

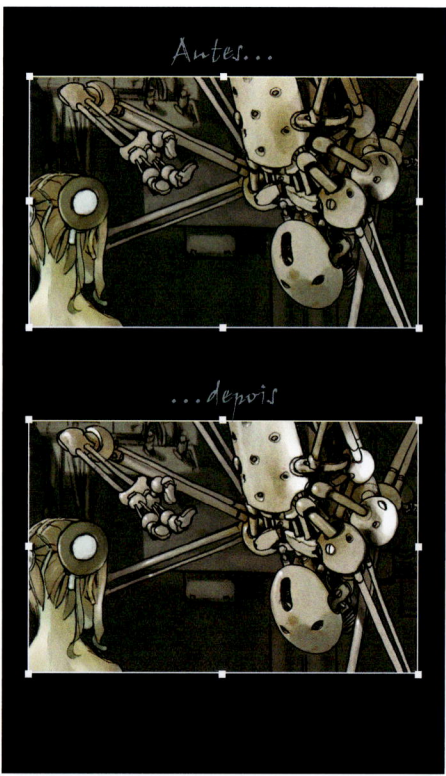

01 – Robot Lady

Etapa 4

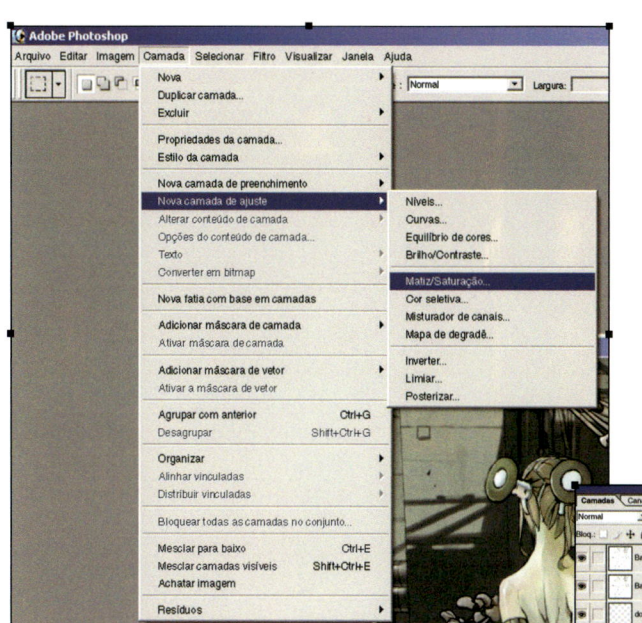

Ela não influenciará no cenário. Deve ser colocada sob a camada de cor do fundo.

A última camada é uma camada de ajuste que difere das outras pela sua natureza: ela modifica as informações de cores das camadas inferiores. Ela pode ser de vários tipos, como a camada de ajuste Matiz/Saturação (Camada> Nova camada de ajuste> Matiz/Saturação) que, aqui, torna o centro da imagem o mais vibrante possível através dos cabelos e dos ombros da jovem: o calor no meio do ambiente frio...

O objetivo dessa camada é saturar a pele e o vermelho dos cabelos da jovem: os tons amarelos e vermelhos são quentes, o resultado é evidente!

Apagado...

... ou ressaturado?

Agora, o trabalho está pronto. Esta imagem representa meu pequeno universo e permanece ao mesmo tempo anedótica... Nisso reside todo seu interesse.■

13

Esta imagem é um exemplo de pintura digital para a qual não houve rascunho prévio em papel. A maior parte do desenho foi realizada com o Aerógrafo de Photoshop.

Graças aos numerosos efeitos de camadas, o criador pode multiplicar as tentativas infinitamente e abrir mão de um esboço preparatório. Assim, esta pintura não precisou de mais de quinze horas de trabalho. Pouco tempo, dirão alguns. Essa é uma das principais vantagens da pintura digital, a possibilidade de fazer bem e rápido.

ateliê 02

NICOLAS **BOUVIER**

Material utilizado
- Pentium III 600 MHz
- 256 Mb de RAM
- 14 Gb de disco rígido
- Mesa digitalizadora Wacom A5 e A6

***Software* utilizado**
- Photoshop 5.5

Confronto

Esboço — *Composição* — *Imagem final*

Esta ilustração conta a breve história de um confronto. Nela se vê um esquadrão militar enfrentando um eventual inimigo.

Apesar de não ter sido encomendada, esta imagem assemelha-se aos diferentes trabalhos que faço para videogames, salvo que, aqui, pude aprofundar certas técnicas que habitualmente não tenho tempo para experimentar. Não sem lamentar, deixei de lado a etapa do desenho no papel para me concentrar, unicamente, nas formas e nas massas diretamente no Photoshop: uma abordagem mais pictórica, de certa forma. Hoje, eu tenho que confessar uma preferência por essa técnica, pois a satisfação é instantânea, sobretudo quando o conceito toma forma em alguns minutos, e isso a cores.

Freqüentemente, eu busco minhas (idéias *nas sagas espaciais cinematográficas.*

Etapa 1

A perspectiva

Aqui, optei por representar uma forja subterrânea sob a forma de um grande corredor, sem teto nem chão, com passarelas que ligam as duas bordas do precipício. Com o Aerógrafo, começo a fazer um esboço bem simplificado do meu cenário, levando em conta uma perspectiva *plongée*.

Utilizarei o Aerógrafo para toda a ilustração, *mantendo sempre uma pressão de 25%*.

Por enquanto, o único elemento visível é a passarela central. Eu a pinto de uma cor bastante escura porque já decidi que a luz principal virá de baixo, do fundo do abismo. Em geral, parto deliberadamente de um fundo branco antes de começar toda ilustração, o que permite à imagem conservar seu aspecto arejado. Trata-se, na verdade, de não bloquear a luz já de início, o que acontece freqüentemente quando se parte de um fundo preto ou colorido. ■

Antes de começar a execução de uma pintura digital, é sempre preferível ter uma visão relativamente clara da sua composição. É evidente que é impossível resolver tudo com antecedência, mas partir às escuras pode ser bastante prejudicial para a imagem, porque indecisões repetidas prejudicarão obrigatoriamente a composição final.

02 – *Confronto*

Etapa 2

A composição

Com a perspectiva no lugar, termino o esboço, deixando de lado a cor por enquanto, porque é mais fácil determinar um equilíbrio gráfico e visual com preto e branco. Acrescento passarelas

transversais que dão mais perspectiva e ritmo à imagem, efeito que se acentua graças à sua repetição.

Eu me concentro, a seguir, no plano de fundo: conservando uma certa transparência, opto por usar uma cor alaranjada para delimitar a área luminosa inferior do precipício. Nisto consiste todo o interesse do Aerógrafo: ele permite, diferentemente de um Pincel bruto, colorir certas seções da imagem com leves matizes, sem, com isso, cobrir o branco ainda presente nas partes que permaneceram virgens. Por outro lado, aumento o contraste geral da imagem, acrescentando um cinza quente às paredes do cenário.

A fim de tornar o fundo bem luminoso, sobreponho uma camada suplementar, do tipo Subexposição, para trabalhar novamente o fundo, dessa vez de maneira radical. Opto por deixar a luz atenuar certos detalhes das paredes.

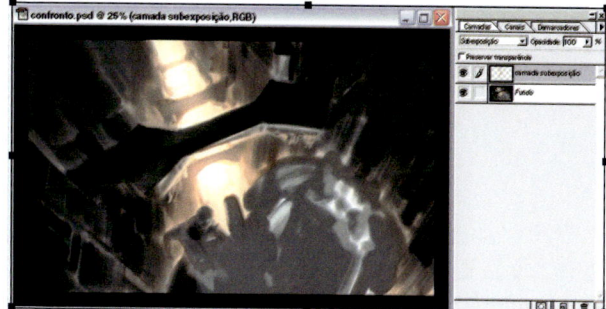

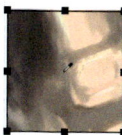

A partir de agora, minha mão esquerda está pronta para apertar a tecla Alt do teclado e usar esse atalho para a ferramenta Conta-gotas, bastante útil para misturar os tons vivos já presentes na imagem. ■

Acrescentar elementos similares, em uma (**perspectiva forçada,** *é um procedimento, às vezes, útil para dar maior profundidade de campo a um cenário ou paisagem.*

No primeiro plano, opto por incluir uma nave na composição, dando-lhe, temporariamente, uma forma bastante básica. Ao escolher precisamente este ângulo de visualização, proponho ao espectador engajar-se na ação e sentir o efeito da gravidade e do vazio. Assim, o *contre-plongée* reforça a idéia de perigo e mostra, com mais nitidez, o abismo que ameaça os personagens do primeiro plano.

ILUSTRAÇÕES COM PHOTOSHOP

Etapa 3

Plano de fundo

Agora que estou satisfeito com a estrutura geral da ilustração, posso, sem medo, começar a trabalhar com maior precisão o plano de fundo. Sendo assim, percebo que o abismo não está vivo o bastante para o meu gosto e decido aumentar a saturação da imagem para 40. Isso me permite selecionar, dentre os tons quentes, as cores de base que usarei para aperfeiçoar o fundo.

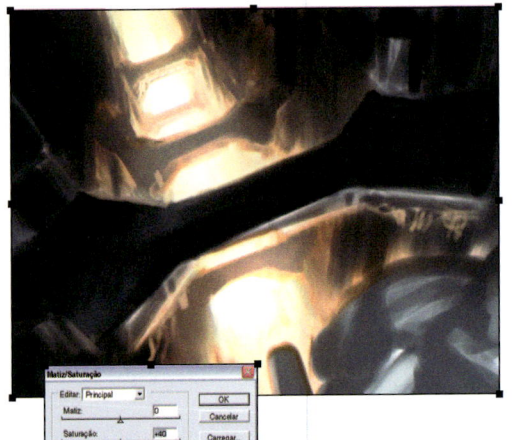

Eu me concentro, em primeiro lugar, nas passarelas mais distantes. Munido de formas entre 3 e 10 pixels, detalho essas estruturas. Com o Conta-gotas, seleciono apenas tons vizinhos e evito escolher tons frios. A essa distância, a fornalha do abismo deve influenciar toda a atmosfera ao redor e lhe dar um aspecto abrasado. Também é preciso levar em conta o fato de que todas as seções inferiores das passarelas receberão uma luz de forte intensidade vinda das profundezas do abismo, o que me permite acrescentar milhares de detalhes apenas com as luzes.

Apesar de tudo, não desejo, de forma alguma, ressaltar em demasia as passarelas mais longínquas com um excesso de sombras, senão perderia esse aspecto nebuloso próprio do plano de fundo. As sombras serão progressivamente menos intensas nos últimos planos da imagem.

Com o objetivo de obter mais precisão das balaustradas, uso a ferramenta Linha, entre 4 e 8 pixels de espessura, para reforçar a perspectiva inicial.

Minúsculos detalhes são acrescentados abaixo das diferentes pontes. É importante escolher tons bem claros para não escurecer essa parte do cenário, mantendo o fundo da imagem a área mais iluminada da ilustração. Levando em consideração sua disposição, as pontes recebem uma luz mínima em sua parte superior, o que me permite ressaltar a passarela do primeiro plano.

A fim de obter um equilíbrio interessante, é preciso recuperar os tons frios que agora fazem falta. Eu os encontro, sobretudo, nos lugares em que a luz não pode chegar, ou seja, nas passarelas. Nessas áreas, darei toques de azul e de violeta.

02 – Confronto

Etapa 3

O primeiro plano

Para dissociar o primeiro plano do plano de fundo, é importante trabalhar a nave, que está próxima, em tons frios, usando toda uma gama de tons de cinzas. A escolha de tons frios, situados nos azuis, permite que a nave ressurja da ima-

Resta-me apenas redefinir, com mais precisão, a silhueta do aparelho. Sempre com a ajuda do Aerógrafo, primeiro traço outra vez os contornos da nave e dos personagens. A seguir, crio uma segunda camada em modo Subexposição, na qual pintarei os contornos da nave com toques sucessivos de laranja. O contraste entre a nave e o fundo agora está pronto. ∎

gem e lhe dê mais vida. Depois de ter determinado grosseiramente os contornos da nave, eu me empenho em dar volume ao lado direito da aeronave, imaginando uma luz (fictícia) situada fora da ilustração. Essa fonte de luz "fora do quadro" será de grande utilidade para gerir toda a cena de ação do primeiro plano.

Agora, tenho apenas que definir todos os detalhes indispensáveis para tornar o primeiro plano mais vivo. Contrariamente a uma paisagem, nunca é aconselhável deixar um primeiro plano sem finalização, sem elementos precisos que estimulem a visão do espectador.

A cabine, na parte dianteira do aparelho, será ocupada por dois pilotos. Desse lugar deve ser emitida uma sensação de vida e de atividade. É aqui, portanto, que acentuo a luz, acrescentando uma camada em modo Subexposição.

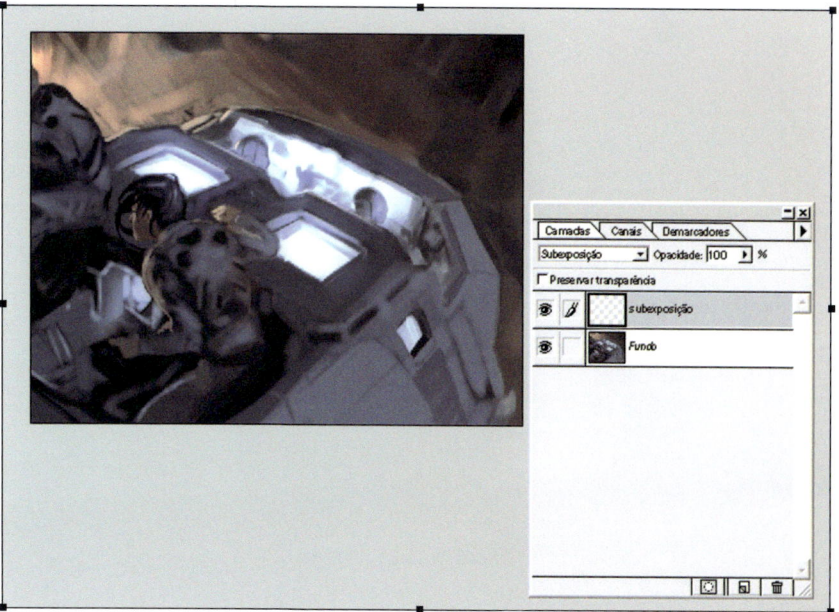

Etapa 4

Encenação e atmosfera

A fim de aplicar grão à imagem, uso uma textura que sobreponho à minha ilustração. Essa textura, bastante saturada, tem uma dupla utilidade: primeiro, devolve à imagem um equilíbrio entre os tons frios e quentes, o violeta contrabalança essa oposição; segundo, acrescenta aspereza e granulado que faltavam à imagem original.

Essa textura violeta será mesclada em modo Sobrepor. Não ultrapassarei os 35% de opacidade para não escurecer nem fechar a imagem.

Agora, é preciso dar veracidade à imagem, acrescentando personagens sobre as passarelas. A melhor forma de fazer essas silhuetas é começar diretamente pelo preto quase puro e aplicar, em seguida, os toques correspondentes de luz. É um trabalho de precisão, já que cada personagem receberá duas fontes luminosas: um tom azulado vindo de suas costas, que deve permanecer mais fraco, e um tom alaranjado sobre seu rosto e seus ombros. Os personagens da passarela não se destacam muito. Opto também por acrescentar um brilho azulado, bastante vivo, vindo dos raios de luz situados nas paredes. ∎

Faltam ainda volume e riqueza nos lugares mais escuros da parte superior da imagem. Uma maneira de remediar isso é criar fontes de luz suplementares que devolverão uma claridade a esses espaços. De maneira ilustrativa, me empenho em pintar esses detalhes com precisão. Com o objetivo de dar um ritmo luminoso à ilustração, acrescento detalhes também aos planos longínquos, bem acima de cada passarela: toques de tons azul-claro, que constituem a cor complementar do laranja, tons que se destacarão visualmente dentre todos esses tons "vulcânicos".

> Ainda falta à imagem um pouco de contornos nítidos. Para eliminar os desfoques mais visíveis e reforçar os contrastes, uso o filtro Aquarela. Primeiro, duplico minha camada principal a fim de aplicar o filtro sobre essa cópia. Dessa maneira, graças à ferramenta Borracha, posso apagar, como achar melhor, essa segunda camada nos lugares em que o efeito do filtro não é necessário, principalmente na parte mais nebulosa do fundo da imagem. O filtro poderia, de fato, reforçar demais a imagem e prejudicar o acabamento final.

Etapa 5

As finalizações

É hora de dar os últimos retoques. Aqui e ali, modifico os elementos que não correspondem aos meus critérios estéticos. Assim, certas silhuetas de soldados, do plano intermediário, não me satisfazem totalmente. Com a ajuda de um modelo de pequeno tamanho, defino melhor a morfologia desses personagens, sem exagerar muito, porque é o aspecto tenso que deve prevalecer antes de qualquer coisa. Deter-se por muito tempo em certos detalhes pode ser prejudicial à imagem.

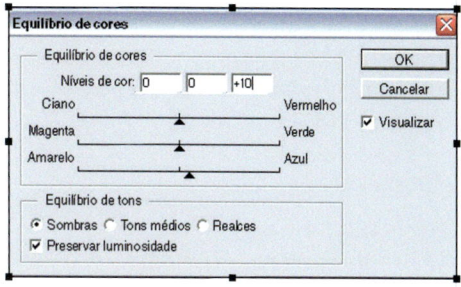

Quando mostro a ilustração quase acabada, várias vezes me aconselham a melhorar o personagem da direita. Por enquanto, os dois personagens masculinos do primeiro plano cumprem a mesma tarefa: eles estão apontando armas em direções cruzadas, o que pode parecer repetitivo para o olhar. Retifico, então, a postura de um dos soldados: ele segurará uma arma mais volumosa nas mãos, mas não a apontará mais para as passarelas como seu colega.

Para terminar, seria desejável que a imagem ganhasse ainda um pouco mais de vitalidade, principalmente nas sombras, que opto por colorir mais fortemente. Nos ajustes, seleciono o equilíbrio de cores, acrescento 10 de azul nos tons escuros e 10 de amarelo nos tons claros.

Esse ajuste será o último, porque, agora, estou satisfeito com o resultado final. ■

Eu me dedico a (definir melhor a morfologia dos personagens, sem exagerar muito, porque é o aspecto tenso que deve prevalecer.

Nesta imagem, eu quis misturar gêneros, representar um universo futurista, mas composto por elementos arquiteturais preferencialmente antigos, o conjunto banhado por uma atmosfera úmida e degradada. Quando descrito assim, em algumas palavras, parece bastante déjà vu... Mas, em alguns momentos, penso que não se deve ter medo de velhos clichês: abandonados em função de uma preocupação com a originalidade, eles próprios se tornaram originais.

ateliê 03

BENJAMIN CARRÉ

Material utilizado
- Pentium II 450MHz
- 128 Mb de RAM
- 20 Gb de disco rígido
- Mesa digitalizadora Wacom A6
- Máquina fotográfica digital Epson PC 3000z

Software utilizado
- Photoshop 5

Blanche

Foto inicial — Composição

Imagem final

Esta imagem é o primeiro quadro da história em quadrinhos *Blanche*, feita para o segundo volume da coleção *Vampire* [*Vampiro*], publicado pela editora Carabas. Esse volume, chamado *Vampires²*, é composto por várias histórias curtas, escritas por diferentes autores. Uma delas é intitulada *Blanche* e ocupa sete páginas.

Quando você dispõe de tão poucas páginas para se expressar e, além disso, é a sua primeira experiência com quadrinhos, você quer "dar tudo de si" e expor o máximo de coisas, em um mínimo de páginas, para fazer um tipo de demo artístico.

Com toda pressão que se pode imaginar, meu objetivo foi o de plantar um cenário da maneira mais eficaz possível, o que explica seu aspecto bastante ilustrativo (para histórias em quadrinhos). Para essa imagem, fui diretamente influenciado pelo cinema: *Blade Runner, Ladrão de sonhos, Cidade das sombras*...

Em resumo, existe um monte de coisas para (provar a seus futuros leitores, aos editores... e, sobretudo, a si mesmo.

ILUSTRAÇÕES COM PHOTOSHOP

Etapa 1

As imagens

A maioria das fotos utilizadas nesta imagem não foi tirada para esta história em quadrinhos. Como trabalho freqüentemente com fotos, sobretudo com paisagens de cidade, adquiri o hábito de quase sempre ter comigo minha máquina digital. As zonas industriais e as construções abandonadas acabaram fazendo parte dos meus passeios favoritos, o que me permitiu construir um significativo banco de dados de paisagens.

A única foto tirada para a ocasião foi a que me serviu de fundo para a ilustração: trata-se, na verdade, de uma parede de cimento com resquícios de cola e de papel de parede arrancado (na época, eu estava me mudando). Acho muito importante não começar com um fundo branco. Os pequenos acidentes de um fundo de matéria, sejam quais forem, estimulam meu imaginário e me permitem começar mais facilmente.

É um lugar realmente (mágico,
gótico e industrial ao mesmo tempo.

Foto que serve de fundo para a ilustração.

A foto principal foi tirada na região dos Grands Moulins de Pantin, no subúrbio parisiense. É um lugar realmente mágico, gótico e industrial ao mesmo tempo. Como os moinhos estão desativados, nunca me deixaram fotografar o interior por razões de segurança: é realmente uma pena, mas o passeio vale a caminhada. Essa paisagem chamou minha atenção por causa do apêndice arquitetural suspenso na horizontal, que, no fim, vai se tornar o elemento central da ilustração. ■

Etapa 2

A montagem

Utilizando a parede de cimento como "céu" para a imagem, colo a foto tirada na periferia parisiense e aplico nela uma simetria horizontal. Apago as partes que não me interessam, deixando ressurgir o fundo.

> Eu me **(deparo** com uma foto
> *que enfatiza a horizontalidade em um formato também horizontal...*

Nesse momento, experimento um sentimento ambíguo: por um lado, estou contente comigo, digo para mim mesmo que não tirei essa foto à toa e que, com um pouco de sorte, farei uma ilustração fora do comum. Mas, por outro, reconheço que estou um pouco cético: no início, tinha a intenção de mostrar uma cidade com grandes construções, dando a impressão de grande verticalidade. Entretanto, me deparo com uma foto que enfatiza a horizontalidade em um formato também horizontal... Preciso definitivamente reencontrar essa verticalidade. ■

Quando se utilizam diferentes fontes fotográficas, as cores e a luminosidade não casam muito bem, necessariamente, entre um documento e outro. A solução está no menu Imagem, opção Ajustar, no qual se encontram as seguintes ferramentas: Curvas, Equilíbrio de cores, Brilho/Contraste e Matiz/Saturação. Seria muito trabalhoso descrevê-las aqui, ainda mais porque essas ferramentas são bem simples de manipular: jogando um pouco com seus parâmetros, descobre-se rapidamente como acomodar duas imagens.

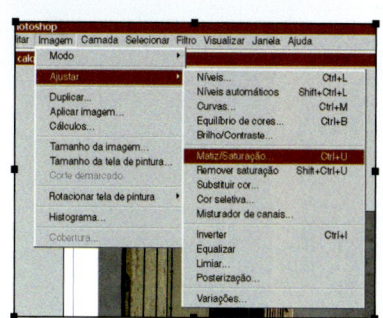

ILUSTRAÇÕES COM PHOTOSHOP

Etapa 3

A composição da imagem

Crio, a seguir, uma nova camada para fazer o plano de fundo.

Para mim, é muito importante criar uma camada a cada nova operação porque isso me permite desenhar mais livremente, sem ter medo de estragar o que eu já fiz. Com essa maneira de trabalhar, ouso, experimento e deixo parte ao acaso e aos acidentes, que podem ser fontes de boas surpresas.

Eu me esforço para (recompor minha imagem com uma preocupação de verticalidade, desenhando grandes edifícios ao longe.

Com o Aerógrafo (e com preto), me esforço para recompor minha imagem com uma preocupação de verticalidade, desenhando grandes edifícios ao longe. Mas, apesar de toda destreza e boa vontade que eu possa ter trabalhando na minha mesa digitalizadora, as formas obtidas são extremamente moles e desordenadas: totalmente o oposto de um arranha-céu.

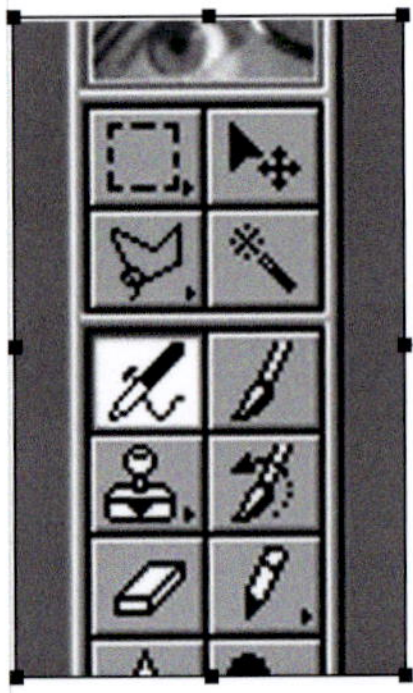

Decido, então, tornar menos grossas essas formas, utilizando as ferramentas Selecionar (o laço em sua forma poligonal) e Deletar (a tecla *Delete* do teclado). Assim, começo nas bordas exteriores de meus tons sólidos de preto a fim de lhes dar formas que se aproximem um pouco mais das de edifícios futuristas.

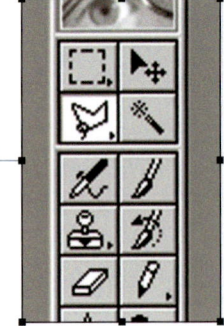

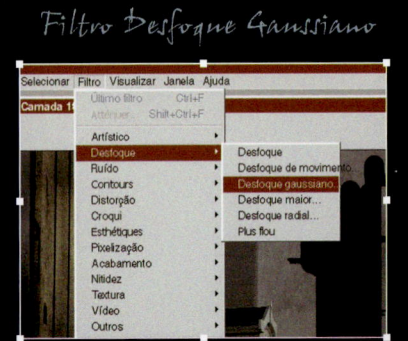

Finalmente, aplico um leve filtro Desfoque Gaussiano sobre toda a camada para dar aos contornos uma impressão de unidade e de profundidade de campo em função da distância. ■

Etapa 4

Os detalhes da cena

Mesmo sendo fundamental a qualidade da composição para se obter uma ilustração bem-sucedida, não se pode negligenciar o acréscimo de detalhes na imagem. Esses detalhes permitem que esta se torne mais crível, mais real. Além disso, esta etapa é, seguramente, a parte mais divertida para o ilustrador executar e a mais agradável para o espectador observar. Seria uma pena se privar disso...

Os grandes imóveis do fundo têm, igualmente, o direito de ter suas fachadas, mas não disponho de fotos de muros tão grandes. É bem verdade que poderia desenhá-los diretamente, mas isso comprometeria o aspecto fotográfico da imagem. Opto, então, por pegar uma pequena extremidade de fachada e copiá-la e colá-la repetidas vezes, o necessário para preencher a superfície desejada. Nessa passagem, não esqueço de clarear algumas janelas para simular a iluminação da cidade.

Para terminar, alguns cabos (desenhados com o Aerógrafo), passarelas (foto de uma grua redirecionada na horizontal para simular estruturas de andaimes) e um semáforo (foto também tirada em Pantin) para um toque de cores, tornarão mais vivo esse pequeno universo...

Começo pela construção central (aquela que está suspensa na horizontal) e decido sujá-la um pouco. Para isso, crio uma nova camada, modifico suas propriedades para colocá-la em modo Luz Direta e, simplesmente, acrescento manchas.

Tenho a tendência de conceber ilustrações em tons e sobre-tons bastante dessaturados, o que dá um resultado pálido e apagado. Uma mancha de cor viva, por menor que seja (como um semáforo) permite dar novamente vida à imagem e fixar a atenção do espectador sobre um pequeno ponto escolhido: aqui, o personagem.

Modifico, também, suas janelas porque as considero um pouco tristes na foto original: eu as substituo (Selecionar> Copiar> Colar) pelas de um imóvel de vidro no qual se reflete um sol se pondo. Além disso, decido pintar uma das janelas de branco para simular o sol reluzindo na retina.

Passo, a seguir, às fachadas dos prédios. Logo atrás da "casa suspensa", encontra-se um pedaço de parede que não me agrada muito: eu a substituo pela fachada de um outro imóvel, também tirado do meu banco de dados.

Neste estágio, começamos a perceber como ficará a imagem, mas, por enquanto, ela tem mais o aspecto de uma colagem desajeitada de fotos que de uma ilustração de ficção científica! Nada de pânico, é normal, é preciso trabalhar a atmosfera...

Etapa 5

A atmosfera

A atmosfera *stricto sensu* (isto é, os efeitos atmosféricos) ajudará muito a enriquecer a atmosfera em seu sentido mais amplo (o ambiente) da imagem.

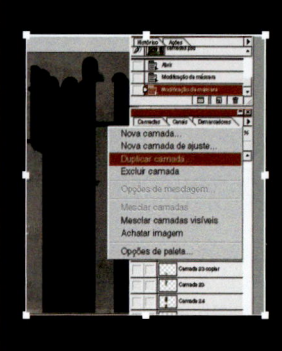

O segundo método, minha opção, evita o achatamento da imagem: basta criar uma nova camada, acima de todas as outras, que nomeio camada A, na qual não toco por enquanto. Crio uma cópia da camada que serve de fundo, cópia que batizo de B. Depois, deslizo a camada B sobre a camada A (teoricamente, a cidade não está mais visível porque ela acaba de desaparecer sob a cópia do fundo). Entro no menu Camada e seleciono a opção Agrupar com a camada anterior (Ctrl+g): a cidade deve reaparecer porque a camada B tornou-se invisível. Seleciono então a camada A (na qual ainda não mexi) e, com o Aerógrafo, desenho nela espirais brancos de fumaça... Esse momento é mágico, o que desenho não aparece em branco, mas adquire a textura da camada B como se os traços do Aerógrafo tivessem tornado visível o que era invisível (é isso, aliás, o que ele faz). Esse método é mais complexo, mas oferece a vantagem de controlar melhor o desenho da fumaça e de conservar as camadas intactas. ■

Obtenho **esplêndidas cortinas de fumaça** mais ou menos opacas de acordo com a intensidade do uso da Borracha.

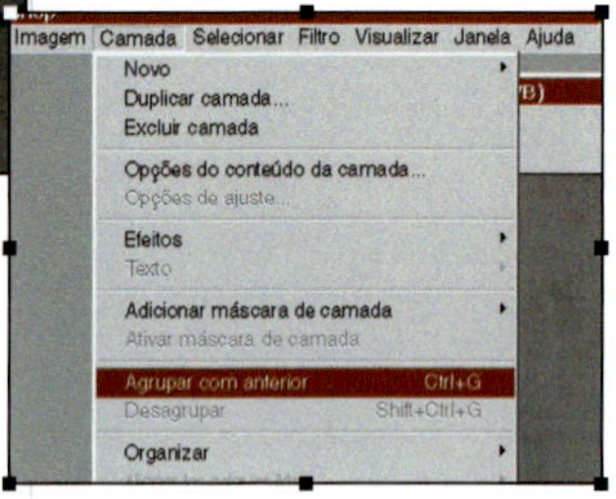

Para continuar navegando sobre os clichês visuais da grande megalópole estilo *Blade Runner,* preciso de cortinas de fumaça bem pesadas e opacas. Além de enriquecer meu universo, vão permitir a dissimulação das colagens imperfeitas que ainda subsistem na montagem da foto. Para fazer essas cortinas, existem vários métodos, eis aqui dois.

O primeiro consiste em mesclar todas as camadas, exceto a primeira (aquela que serve de fundo). Disponho de uma camada de fundo e de uma camada de cidade. Resta-me, apenas, dar algumas passadas de Borracha em formatos espiralados na camada da cidade, permitindo reaparecer o fundo no primeiro plano. O efeito é impressionante, obtenho esplêndidas cortinas de fumaça mais ou menos opacas de acordo com a intensidade do uso da Borracha. Esse método é simples e rápido, mas apresenta o inconveniente de obrigar o ilustrador a achatar suas camadas, o que pode causar um problema se ele quiser retocar a composição.

> Gosto muito da idéia de reutilizar a matéria de fundo para as cortinas de bruma. É uma artimanha tão óbvia e eficaz que se torna quase insolente. Acho também que ela me agrada porque ilustra bem o espírito de bricolagem com o qual foi realizada essa imagem. Acho ainda que ela me seduz simplesmente porque adula meu ego e me dá a impressão de ter sido inventivo.

03 – Blanche

Etapa 6

O toque final

A fumaça está pronta, mas só ela não basta para criar todos os ambientes que eu tinha em mente antes de começar a ilustração. A atmosfera ainda não está úmida o bastante, nem devastada o suficiente pela poluição. Para fazer isso, usarei uma foto que não representa nada. Uma daquelas "descartadas" por quem revela, um pouco bege, desfocada e granulada de forma inacreditável. Resumindo, a foto ideal para transformar a atmosfera no que eu buscava!

Minha imagem está quase pronta... mas ainda está um pouco escura. Para remediar isso, existe um truque simples e eficaz: basta criar uma nova camada (sim! mais uma), fixar seus parâmetros em Subexposição e aplicar ligeiros toques de Aerógrafo branco onde se deseja que a luz se deposite. Atenção, esses toques devem ser bem leves porque eles podem facilmente queimar a imagem. Essa luz não serve apenas para clarear minha imagem, ela tem um papel importante na própria composição da ilustração e, se bem empregada, me permite até mesmo acentuar a sensação de verticalidade tão desejada no início. E eis o resultado!

Foto "descartada"

Iluminação da imagem

Eu a deslizo para o alto da pilha de camadas, fixo seus parâmetros em modo Superexposição e regulo sua opacidade a 66%.

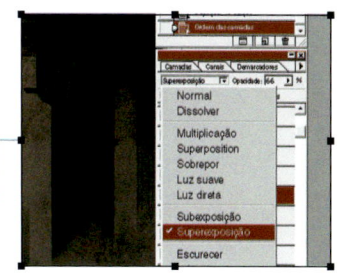

Aplicar (**ligeiros** toques de Aerógrafo branco *onde se deseja que a luz se deposite.*

Agora, só falta desenhar, com o Aerógrafo, o pequeno vampiro pendurado no cabo, para fazer a conexão com o quadro seguinte, sobre o qual haveria também milhares de coisas para contar. Mas isso é uma outra história. ■

O ponto de partida desta pintura é a palavra "sorria". Eu disse para mim mesma: "já que é grave: sorria!" Já que a vida é uma luta contínua, sorria, sejamos indiferentes. Eu queria que meu personagem tivesse uma atitude e uma expressão sérias e deslocadas em relação ao título da pintura.

ateliê 04

JUDITH DARMONT

Material utilizado
- Double Power PC G4 1 GHz
- 768 Mb de RAM
- *Scanner* Epson 1250
- Mesa digitalizadora WACOM A5
- Impressora Epson 1520

Software utilizado
- Photoshop 7
- Artmatic 3

Sorria

Rascunho — Colorização

Eu sempre pintei retratos de mulher. Seu olhar questionador estabelece um vínculo com o público. Ao mesmo tempo ator e espectador, o personagem joga com sua dualidade. Pintei esta tela em 2001. Usei o fundo, as texturas e as cores para transfigurar a personalidade de meu tema. Essa pintura foi impressa sobre uma tela em um formato 100 x 80 cm.

Imagem final

Freqüentemente uso formas (geométricas, **tipografia**, *todo tipo de símbolos para representar e traduzir a emoção ou as reflexões de meus temas.*

ILUSTRAÇÕES COM PHOTOSHOP

Etapa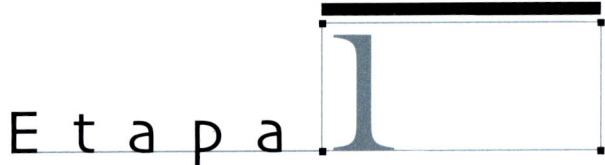

Esboço e ferramentas

Para todas as minha pinturas, parto da tela branca e esquematizo meu personagem diretamente na mesa digitalizadora. Imagino sua história, seu ambiente... A cor vem a seguir: seu rosto, seu olhar sobretudo. É ele que eu mais trabalho. Tento encontrar a emoção mais quente através desta ferramenta demasiado fria que é o computador. Continuo pelo corpo, pelos tecidos, pelas cores; depois, pelo fundo que representa, de certa forma, o universo interior do personagem. Texturas, sombras e luzes... Uma vez que tudo isso esteja em seu lugar, posso começar a refinar cada detalhe e dar vida ao retrato.

Em geral, minhas pinturas são impressas em suportes como tela ou toldo. Freqüentemente são tiragens que medem, no mínimo, 60 x 80 cm. Por razões evidentes, ligadas ao peso dos arquivos, aos tempos de cálculos e à tiragem, trabalho com uma resolução de 200 dpi. Quando crio meu documento no Photoshop, utilizo um tamanho de imagem reduzido, proporcional ao formato final. Assim, trabalho geralmente com 25% do tamanho da tiragem.

O que aprecio muito no Photoshop é a gestão de camadas. Pela utilização desse instrumento, gosto muito de conservar as diferentes etapas de minha pintura. Isso me permite preservar toda a evolução da imagem e, assim, poder reviver, a qualquer instante, sua gênese desde o primeiro rascunho.

Sempre uso a ferramenta Pincel e um fundo branco. Escolho uma espessura de traço em torno de 3 pixels. A caneta da Wacom me permite ajustar a transparência e a intensidade do traço durante o rascunho do personagem, o que é muito bom. Posso gerenciar a pressão: minha mão encontra a justeza e a precisão do lápis.

Conservar as (etapas de criação da imagem permite reviver sua gênese.

O Photoshop é uma ferramenta bastante "aberta"; adoro sua neutralidade, suas ferramentas intercambiáveis: a Borracha pode virar Pincel e vice-versa. Em função disso, pode-se criar uma imagem com uma única ferramenta, simplesmente modificando seus parâmetros. ■

Etapa 2

A expressão e a colorização

A primeira coisa que trabalho no meu personagem é sua expressão, seu olhar; dou seu caráter. Ele define, assim, o universo e o ambiente da imagem. Será o primeiro elemento a ser colorido no retrato. Regra geral, escolho três, ou até mesmo quatro cores que tenho vontade de agrupar. Utilizo então as amostras de cores do Photoshop. Esse procedimento não apenas me permite visualizar as cores, mas também controlar seus percentuais respectivos nos diferentes modos (RGB, CMYK, etc.) e assim exercitar meu olho sobre os valores colorimétricos.

Gosto de começar pelas cores sólidas para o fundo da imagem e para as roupas; isso me permite colocar um primeiro canal "básico", colocar o cenário, instalar meu personagem no espaço e, dessa forma, confirmar o equilíbrio da pintura. Utilizo, para isso, o Pincel ou o Aerógrafo, de acordo com o aspecto desejado. Se o Pincel é prático para as cores sólidas, o Aerógrafo pode dar um aspecto leve e vaporoso.

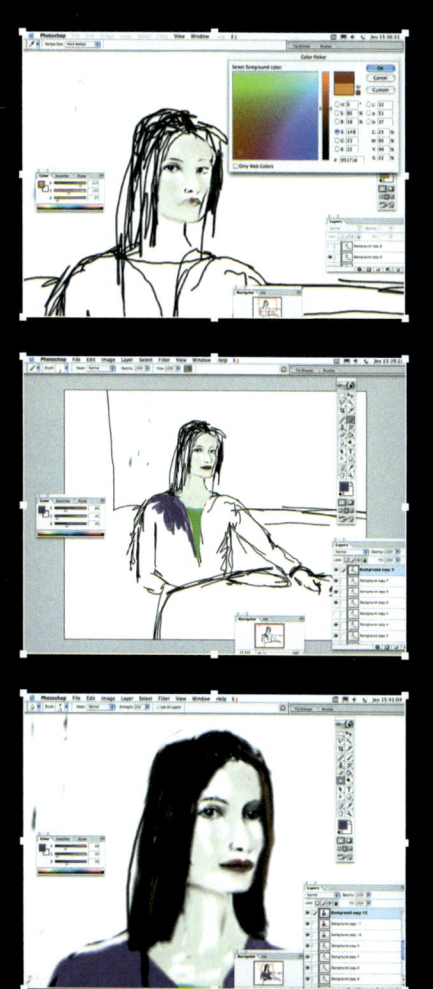

Dou (**movimento** ao rosto
espalhando a matéria com a ferramenta Borrar.

Depois de ter colocado o fundo, volto ao personagem, que continua sendo o elemento central da minha pintura. Finalizo, agora, seu rosto. Uso a ferramenta Desfoque para suavizar seus traços e a ferramenta Borrar para espalhar a matéria do lado direito de seu rosto. Essas ações dão sensação de movimento. ■

Ao longo de minha construção, conservo todas as camadas. Quando navego por elas, visualizo até que ponto o rosto evoluiu sensivelmente antes de chegar à sua expressão definitiva. Existiria, aqui, matéria para criar outros personagens autônomos, outras obras...

ILUSTRAÇÕES COM PHOTOSHOP

Etapa 3

Matéria e texturas

Às vezes, recupero fragmentos de imagens, via internet, e os aumento; freqüentemente, são imagens em preto e branco. Eles servem essencialmente para fabricar matérias e texturas que serão dissolvidas na imagem final.

Abro esses fragmentos no Photoshop, os desloco para o documento principal, arrastando-os com a ajuda da ferramenta Mover. Essa ação gera, a cada vez, uma nova camada na minha imagem principal.

A seguir, abro ArtMatic (U&I Sofware), um programa fractal bastante potente que utilizo muito para texturas. Todas as cores são, na verdade, extraídas de equações matemáticas. Essas matérias animam-se. Quando encontro a textura que me convém, salvo-a em formato PICT.

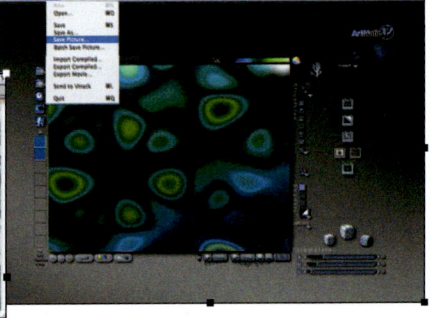

Uso muito esse programa porque sua interface e sua utilização são bastante intuitivas; é uma verdadeira ferramenta de pesquisa, tanto para as texturas como para as cores.

Volto, a seguir, para o Photoshop. Insiro a nova textura no meu documento como fiz com minhas matérias. Em um primeiro momento, eu as sobreponho de maneira bruta na mesa sobre a qual meu personagem está apoiado. Será somente na última etapa que trabalharei os detalhes para mostrar a mesa e sua textura juntas. Verifico que, no plano das cores e das matérias, minha imagem continua equilibrada. ■

O modo Color burn

Coloco essas camadas de texturas no fundo da minha pintura, aplicando nelas, no menu das opções, 60% de opacidade, bem como o modo *Color burn*. Para amalgamar essas matérias, eu as limpo com ajuda da Borracha, aplicando-as então sobre minha imagem.

Etapa 4

Iluminação

Um dos momentos que mais gosto na construção da minha imagem é sua iluminação. Para isso, utilizo um artifício: crio uma nova camada em modo Normal que coloco sobre todas as outras. Essa camada é preta, com uma opacidade ajustada a 80% de transparência. Dessa maneira, minha imagem desaparece quase que totalmente (mas, dessa forma, conservo ainda assim a visão da pintura). O objetivo dessa manipulação é redescobrir a imagem pouco a pouco. Graças à Borracha, com o parâmetro do Aerógrafo, revelo minha imagem apagando, progressivamente, o canal de preto.

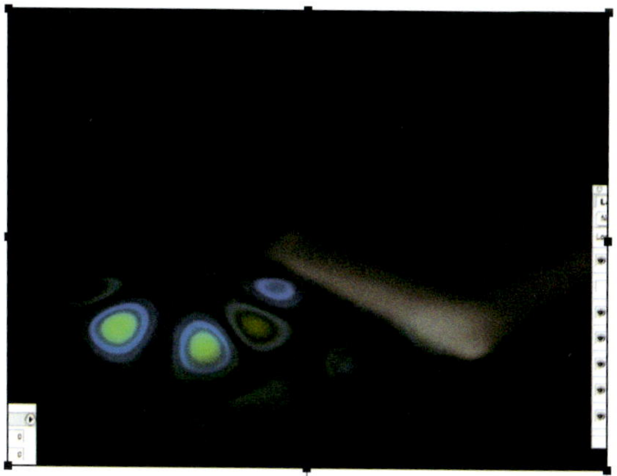

Utilizar uma máscara preta e criar sua tela em vários canais é uma das grandes vantagens do recurso digital. Na pintura tradicional, evidentemente, a iluminação se faz ao longo do trabalho.

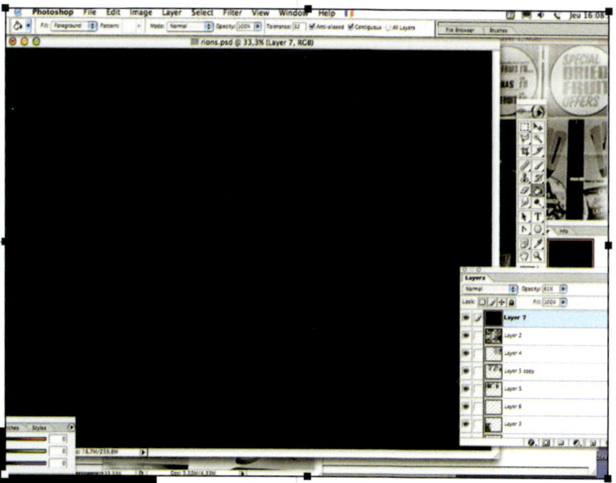

É realmente o estágio mágico da criação da imagem: repentinamente o personagem adquire muita intensidade e luz. Clareio as partes interessantes do quadro até o momento em que acho que é preciso parar.

Descubro essa imagem de forma bem sutil, com a ajuda da mesa digitalizadora Wacom: manipulo, então, a iluminação e a intensidade do que apaguei.

No momento de cada criação, o tempo fica suspenso... A construção do olhar do personagem e a iluminação do quadro foram os dois momentos fortes dessa pintura. ■

Com o recurso digital, pode-se trabalhar indefinidamente sobre uma imagem, abordagem quase impossível com o método tradicional. Mas esta é também sua principal armadilha: não saber acabar um material visual. Pode-se sempre retomar detalhes, mudar cores e maravilhar-se outra vez com outras proposições. Em caso de dúvida, é então aconselhável parar, reabrir as diferentes ilustrações pelo menos vinte e quatro horas depois, e então decidir. Geralmente, a imagem que causa maior impacto impõe-se por si só...

ateliê 05

NICOLAS **FRUCTUS**

Material utilizado
- Power Macintosh G3 350 MHz
- 512 Mb de RAM
- 40 Gb de disco rígido
- *Scanner* Agfa Arcus 1200

Software **utilizado**
- Photoshop 4

Haute Terrasse

Croquis   *Cores de base*

Imagem final

O trabalho consistia na realização de nove ilustrações de abertura de capítulo para um número especial da revista *Casus Belli*, dedicado a uma cidade fantástica chamada Laelith. Cada ilustração deveria retratar o ambiente do bairro que seria descrito.

A imagem do bairro apresentado aqui é a *Haute terrasse*, um ambiente rico e excêntrico, no qual se encontram as celebridades da cidade. Os picos rochosos são as torres dos mágicos, lugares de experiências ocultas, os mais altos pontos da cidade. Era preciso apresentar esses dois aspectos sob o ângulo de alguém no meio da multidão, como se fosse um turista visitando o bairro, sugerindo o poder etéreo, mas onipresente, da magia na cidade. Isso explica o ângulo bem aberto da perspectiva.

Era preciso sugerir o (poder etéreo, mas onipresente, da magia na cidade.

ILUSTRAÇÕES COM PHOTOSHOP

Etapa 1

Croquis e digitalização

No modo tradicional, é quase sempre, um esboço feito no papel. Mesmo que agora o Photoshop 7 permita, graças à sua paleta gráfica, obter praticamente todas as sensibilidades que se pode conhecer sobre o papel, dar forma a um desenho continua sendo, entretanto, mais rápido e mais intuitivo em um suporte tradicional.

Para uma série de ilustrações, é mais evidente preparar todos os esquemas juntos e colocá-los no chão a fim de ver a unidade do trabalho. O tamanho da amostragem no monitor do computador é freqüentemente insuficiente para obter um resultado similar, como se nove imagens estivessem lado a lado na tela.

Entretanto, mesmo que o desenho de base seja feito em papel, essa técnica permite obter, efeitos particulares no computador. Um primeiro esquema é feito com lápis azul para dispor as formas; a seguir, ele é passado a limpo, a lápis, no papel. Depois, o desenho é escaneado. De fato, o azul traz meios-tons interessantes que o lápis não oferece. Nós veremos, na etapa 2, a vantagem dessa escolha de cores.

O azul traz **meios-tons** interessantes *que o lápis não oferece.*

Na digitalização, nada de particular: o formato de base da imagem é de 15 x 23 cm, digitalizado a 600 dpi. No final, a imagem impressa está no formato da original. Geralmente, trabalho com formatos maiores do que a dimensão da impressão para ganhar em detalhes e nitidez, como na fotografia. Mas, nesse caso, a definição de digitalização é aumentada para obter um grão maior no desenho. Para outras ilustrações, com a mesma técnica, pode ser interessante escanear a 1200 dpi para jogar com todas as texturas que o lápis produz. ■

38

05 – Haute Terrasse

Etapa 2
Preparação das camadas

Uma vez o desenho no Photoshop, antes de trabalhar realmente a cor, é preciso converter a imagem em tons sépia. Para isso, basta entrar em Matiz/Saturação, clicar em Colorir e, com os potenciômetros, converter a cor do traço em castanho, ocre vermelho ou amarelo.

Esse meio simples permite obter um aveludado agradável no traço. Esse efeito é reforçado pela conversão em sépia do traço de origem, mistura de azul e de lápis. De fato, o azul convertido em sépia dará semi-tons mais delicados do que se o conjunto tivesse sido feito unicamente a lápis. A imagem encontra-se mais legível, conservando suas linhas de força.

> Uma colorização bem-sucedida supõe que as cores não se sobreponham ao trabalho do traço, correndo o risco de esmaecê-lo sem que o desenho seja, por causa disso, muito insistente ou preponderante e prejudique a boa leitura das cores. Este é um equilíbrio que deve ser buscado.

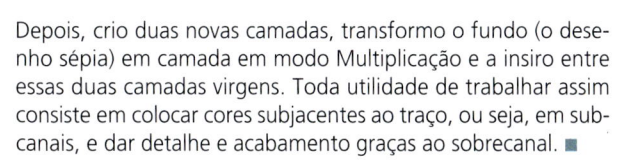

Depois, crio duas novas camadas, transformo o fundo (o desenho sépia) em camada em modo Multiplicação e a insiro entre essas duas camadas virgens. Toda utilidade de trabalhar assim consiste em colocar cores subjacentes ao traço, ou seja, em subcanais, e dar detalhe e acabamento graças ao sobrecanal. ■

A escolha do tom sépia é ditada mais por razões técnicas do que estéticas: os tons castanhos são o resultado da mistura de todas as cores. Assim, quando se acrescenta cor, todos os tons combinam mais facilmente com o traço. Se o traço de origem fosse convertido em tons de azul ou de verde, as fronteiras entre traço e cor seriam mais claras e menos sutis. Evidentemente, a sépia não é uma regra absoluta, mas, em todo caso, ela confere menor dureza ao desenho, preservando sua força de descrição.

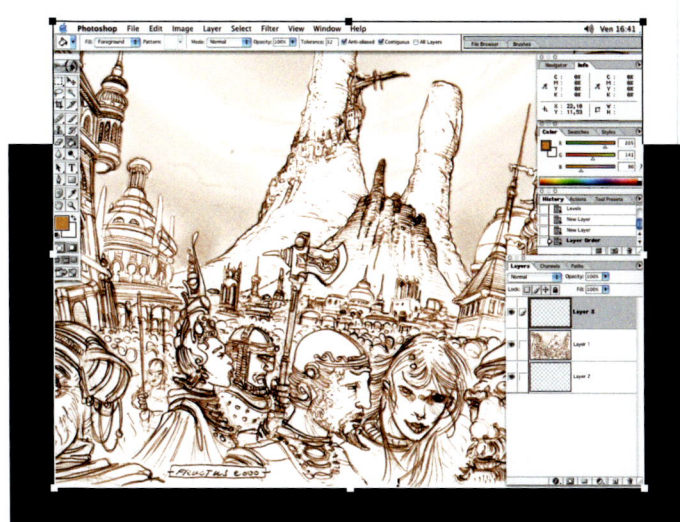

Etapa 3

Os subcanais

Para não se perder nos detalhes da cor, sobretudo em uma cena que comporta tantos personagens e um cenário descritivo, é interessante preparar uma cor dominante que permita declinar todos os efeitos secundários sem perder os contrastes de base. Aqui, foi preciso partir de amarelo ocre, bastante sombreado, para contrastar mais fortemente com o céu que seria amarelo claro.

Dois elementos essenciais devem ser valorizados neste desenho: a multidão, que sobrecarrega a imagem sobre o eixo horizontal da parte inferior, e o espaço aberto das arquiteturas que guiam o olhar em direção aos picos rochosos no plano de fundo. Por isso, as densidades pesadas para o solo e uma impressão mais vaporosa para tudo o que se passa acima da linha do horizonte. É preciso fazer com que o leitor olhe entre cada uma das cabeças dos personagens do primeiro plano, tome distância ao olhar para o céu, no centro da imagem, desça novamente para a multidão e assim por diante; é preciso jogar com esse vai-e-vem. Quanto às construções laterais da imagem, elas fecham opticamente a circulação, trazendo elementos de compreensão do universo apresentado.

Voltemos às massas de cores. Depois de ter aplicado o tom mais escuro sobre a superfície, com a lata de tinta, pode-se, dar um grão geral ao subcanal, entrando em Filtro> Ruído> Adicionar ruído. O ruído confere uma vibração que dará mais matéria à imagem.

O inconveniente é que o ruído entra em conflito com o desenho, que se torna menos legível. Para remediar isso, é preciso entrar em para esfumar a aspereza do ruído (em torno de 1,0), o que Filter>Blur>Gaussian blur (Filtro> Desfoque> Desfoque Gaussiano) faz com que o desenho prontamente reapareça. Mesmo que o ruído não seja muito visível no final do trabalho, ele permite jogar com esse grão durante a execução.

05 – Haute Terrasse

Etapa 3

A fase seguinte consiste em aplicar os contrastes do céu. Como para toda ilustração, é preciso gerenciar as massas de cores das mais importantes às mais anedóticas: o céu, depois as construções, depois as roupas dos personagens e, finalmente, os próprios personagens.

Os subcanais podem ser colocados em várias camadas para jogar com matérias bem diferentes. É, então, a definição final da imagem que convida a aperfeiçoar este ou aquele detalhe. O importante é sempre trabalhar sob o desenho, este permanecendo o guia do conjunto.

As massas de cores são trabalhadas com pincéis extremamente simples; a abordagem teria sido sensivelmente diferente com o Photoshop 7, que alia complexidade de Pincel com simplicidade de manuseio, o que não era o caso das versões anteriores. Assim, essa imagem é, para os subcanais, avançada a grandes pinceladas para colocar massas nítidas, contrastadas e vivas.

A técnica é a mesma forma que para uma pintura de grande formato. Como você trabalha em uma superfície vasta, o movimento deve ser amplo e dinâmico. Em pin-

A dinâmica de uma (imagem é a parte difícil
de fazer transparecer no computador.

tura, de perto, uma tela é um mosaico bastante indigesto de manchas, mas, de longe, o olho sistematiza as massas e mistura as cores. Pode-se fazer exatamente o mesmo no computador. Basta trabalhar com uma definição suficiente para dar grossos toques. Isso funciona tão bem quanto no processo tradicional. ■

ILUSTRAÇÕES COM PHOTOSHOP

Etapa 4

O sobrecanal

O sobrecanal é uma etapa de retificação, de correção e de aperfeiçoamento dos traços. Às vezes, a densidade dos traços do desenho, superpostos aos subcanais, resulta em massas pouco legíveis, muito densas e sobrecarregadas: a imagem precisa ser arejada, ser finalizada. Também é o momento de aplicar as cores mais claras, os brilhos, que suavizam o traço do desenho; isso ajuda a espalhar as formas.

Traço Sobrecanal

Subcanal + traço   Subcanal + traço + sobrecanal

Freqüentemente, quando o desenho está praticamente pronto e colorido, deve-se avaliar os traços. O traço parece muito grosso, um pouco supérfluo com as formas das cores. É preciso então atenuá-los, suprimi-los nos locais em que existem muitas informações. Nesse caso, o machado do guarda, no segundo plano, tem muitos traços para definir os arabescos da peça de metal, ele está muito confuso. É melhor suavizar o desenho clareando os detalhes para deixar essa parte mais leve.

Nesta etapa, a maioria dos efeitos é manual: eles nascem do uso da paleta. É, portanto, impossível descrevê-los mais adiante, já que dependem da abordagem de cada um. Mais que um estilo, os efeitos são uma marca de fabricação, uma forma de apreender a imagem. Contrariamente a isso, no capítulo de pequenos efeitos adicionais, existem os picos rochosos que se apagam no céu. A maneira de dissolvê-los é a mesma utilizada para o ruído nos subcanais, salvo que, aqui, é preciso usar um ruído claro para fragmentar o desenho.

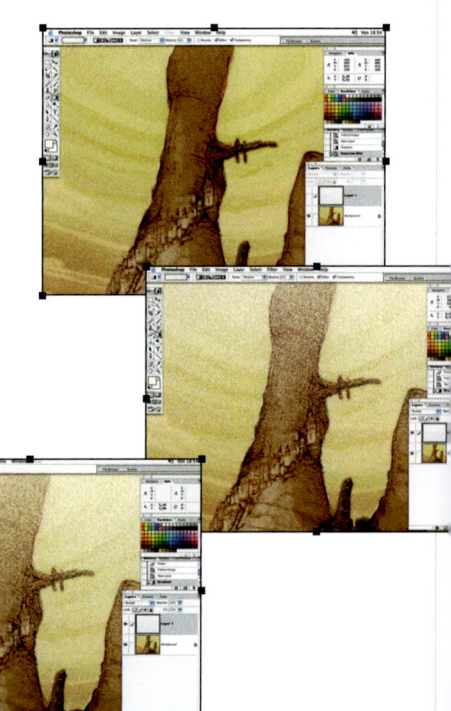

05 – Haute Terrasse

Etapa 4

Para isso, acrescento uma camada normal sobre a imagem, depois, utilizo a ferramenta Degradê, opção Degradê radial, de tal forma que o centro do *dégradé* seja o alto do pico rochoso (é preciso que o modo da ferramenta Degradê seja Dissolver). Uma vez aplicado, o *dégradé* constitui uma nuvem de pontos que cria um ruído que suaviza, com um Desfoque Gaussiano, e funde, logo em seguida, o *dégradé* à imagem. A seguir, fica a critério de cada um jogar com a transparência da camada para abrandar ainda mais o efeito. O resultado é mais eficaz do que quando dissolvido com um *dégradé* simples, o que achataria as matérias e tornaria a imagem mais fria.

Esses *dégradés* ajudam imensamente a leitura da imagem. Eles podem ser aplicados com uma cor escura partindo dos quatro cantos da imagem. Assim, ao escurecer as bordas, fecha-se outra vez o campo visual no centro da imagem. Uma outra opção viável, nessa ilustração, seria colocar o foco no pico rochoso, e não mais nos personagens, que se diluiriam com o cenário, como se estivessem na sombra das construções.

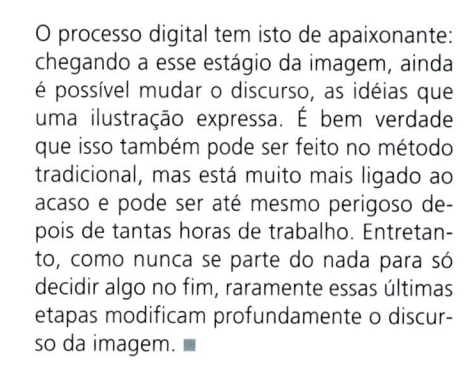

O processo digital tem isto de apaixonante: chegando a esse estágio da imagem, ainda é possível mudar o discurso, as idéias que uma ilustração expressa. É bem verdade que isso também pode ser feito no método tradicional, mas está muito mais ligado ao acaso e pode ser até mesmo perigoso depois de tantas horas de trabalho. Entretanto, como nunca se parte do nada para só decidir algo no fim, raramente essas últimas etapas modificam profundamente o discurso da imagem. ■

LONDON PUB
SATURDAY 23H46

Para a colorização, utilizei o Photoshop, mas existem outras maneiras de trabalhar, principalmente mudando o modo de sobrepor as camadas. Também é possível raspar diretamente no Photoshop, Painter ou Illustrator, o que permite escolher a cor da raspagem e intervir mais livremente no fundo vivo da imagem... mas isso tira o charme das imperfeições e o calor do processo tradicional.

ateliê 06

HIPPOLYTE

Material utilizado
- *Carte à gratter* * Canson
- Bico-de-pena
- Pentium III 800 MHz
- 512 de RAM
- 30 Gb de disco rígido
- *Scanner* HP Scanjet 5470C
- Mesa digitalizadora Wacom A6

Software utilizado
- Photoshop 7

London Pub

Rascunho   Colorização   Imagem final

Esta ilustração não é um trabalho por encomenda: trata-se, simplesmente, de uma pesquisa pessoal, um desses trabalhos que oferece novas possibilidades e novas escolhas artísticas e gráficas. Uma imagem sobre a qual você pode experimentar sem correr o risco de recusa...

Tive vontade de fazer essa imagem bastante rica, tanto em relação a diferentes tipos de personagens, quanto do cenário, um pouco desestruturado. O ambiente de um pub me pareceu, então, adequado ao tipo de atmosfera que eu queria reproduzir, o que me permitiu incluir personagens tão diversos quanto velhos marinheiros amadores, dândis arrogantes em postura equivocada e, evidentemente, a garçonete, ícone imortal do freqüentador de bar. No fim, meu agente, Costume 3 Pièces, pegou essa imagem para ilustrar o álbum de apresentação de fim de ano da agência: está todo mundo lá!

O ambiente de um (pub me pareceu adequado ao tipo de atmosfera
que eu queria reproduzir.

---
* N. de T.: Material não disponível no Brasil.

ILUSTRAÇÕES COM PHOTOSHOP

Etapa 1

A *carte à gratter*

Depois de ter feito um breve rascunho, é hora de passar à *carte à gratter* (placa branca revestida por um verniz preto que se raspa com a ajuda de uma pena para fazer aparecer o branco) e de reproduzir grosseiramente esse rascunho em lápis cinza sobre essa *carte*. Uma vez os diferentes elementos em seus lugares, raspa-se com a pena a fim de fazer aparecer o branco subjacente e, portanto, a luz.

A técnica da raspagem é bastante específica e requer muito treinamento e perseverança porque os deslizes são numerosos... É preciso pensar somente na luz, definir uma ou várias fontes luminosas e trabalhar somente em relação a elas, sabendo que você raspa cruzando as linhas e que, quanto mais você raspa, mais luminoso fica: aparentemente simples, mas um erro é fatal e não permite voltar atrás. É um trabalho bastante zen, por assim dizer. ∎

A *carte à gratter* permanece, antes de tudo, um trabalho de ambiente, durante o qual o mais freqüente é que se prime por uma atmosfera bastante inquietante e misteriosa e que os personagens saiam da penumbra e das profundezas do preto ao redor. Mas, como na maioria das ilustrações em preto e branco, a qualidade de um bom trabalho com essa técnica reside essencialmente no equilíbrio dos pretos e dos brancos. Sua particularidade deve-se ao fato de que é preciso manter reservas de preto, enquanto, nas técnicas "clássicas" (tinta, aquarela, etc.), preservam-se mais os brancos. Trata-se de uma outra maneira de pensar e refletir sobre uma imagem porque, em vez de aplicar áreas de sombra para dar vida a um rosto feito de traços, aqui é preciso torná-lo mais expressivo com áreas de luz.

06 – London Pub

Etapa 2

Do processo tradicional ao digital

Uma vez minha *carte à gratter* pronta em preto e branco, é hora de colocar um pouco de cor e de chamar meu velho amigo Photoshop. É bem verdade que é possível aplicar a cor de maneira tradicional sobre a *carte à gratter*, mas isso oferece bem menos escolhas e nuances...

Primeiro, escaneio minha imagem a 300 dpi e em níveis de cinza diretamente do Photoshop. Como essa imagem é destinada à impressão, a passo para o modo CMYK. Durante a colorização, minha imagem em preto e branco permanecerá em plano de fundo e, sobre ela, acrescentarei canais de cor por intermédio das diferentes camadas.

Atenção para não escanear a imagem de maneira muito escura, porque é preciso preservar as imperfeições do preto (ondulações, traços de dedo, etc.) para a seqüência.

Volto, a seguir, para a camada de plano de fundo fazendo variar os níveis, o que permite realçar mais ou menos as imperfeições mencionadas anteriormente e, assim, dar um toque mais envelhecido e caloroso ao meu desenho. Eu me detenho na imagem situada à esquerda da garçonete, jogo ao máximo com o aspecto ondulado da *carte à gratter* e aumento os brancos graças aos níveis. Voltarei a ela depois para os últimos ajustes... ■

Para ter uma idéia grosseira do acabamento, coloco uma primeira camada, em modo Sobrepor, de cor bastante viva para observar como minha imagem de partida reage. Para isso, entro no menu Nova camada, na opção Editar> Preencher> Cor do primeiro plano> Camada> Sobrepor.

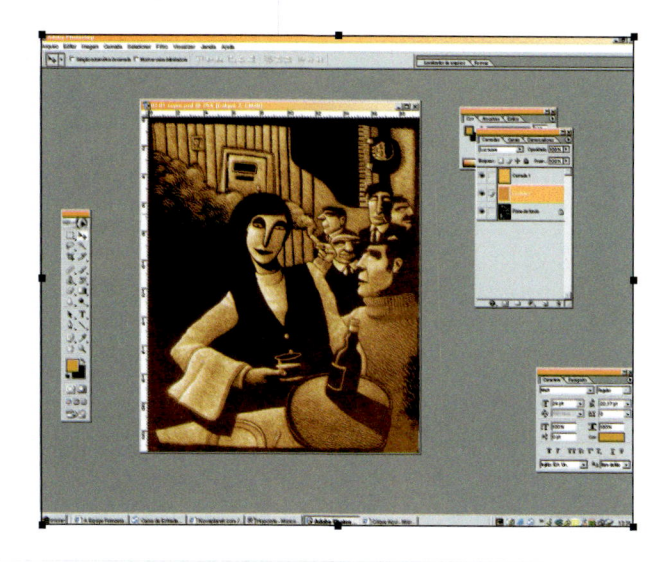

47

ILUSTRAÇÕES COM PHOTOSHOP

Aplicar uma cor diferente na fumaça para fazer com que a garçonete se destaque.

Acentuar o contraste aumentando os pretos com os níveis.

Pintar o pano com a mesma cor da camisa.

48

06 – London Pub

Etapa 3

A colorização

Posso, a partir de agora, dissociar os diferentes elementos da iluminação com a colorização. É preferível colorir cada elemento em uma camada diferente (uma camada para cada rosto, para cada roupa...) de tal forma que se possa modificar, ao seu gosto, as nuances de cor e modos de sobreposição ao longo do processo. Pode-se, assim, preservar essa pequena noção de acaso que dá todo o charme ao Photoshop e se deixar surpreender por certas manipulações, inexploradas até então...

De maneira geral, crio camadas chamadas "matiz", que preencho com um Pincel a uma opacidade de 100%. Entretanto, pode-se mudar isso, regulando a opacidade das camadas e dando a elas uma cor mais neutra. Neste caso, optei por pintar a fumaça do charuto com um Pincel de baixa opacidade de forma a criar um pequeno *dégradé*, englobando os cabelos da garçonete para colocá-los em destaque e dar profundidade ao plano de fundo.

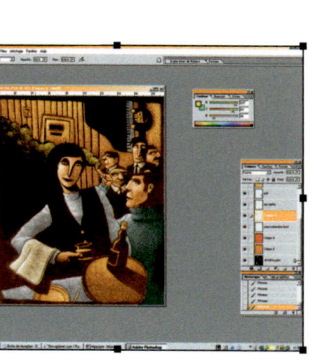

Uma vez as principais cores nos seus lugares, me dou conta de que a imagem está muito saturada: passo, então, a camada Sobrepor (contendo a cor viva que dá esse efeito tão saturado) para o modo Saturação, o que faz realçar os pretos e oferece mais contraste à imagem. ■

É importante variar a opacidade do Pincel de maneira a obter um degradê coerente que não seja nem muito rígido, nem muito visível a olho nu.

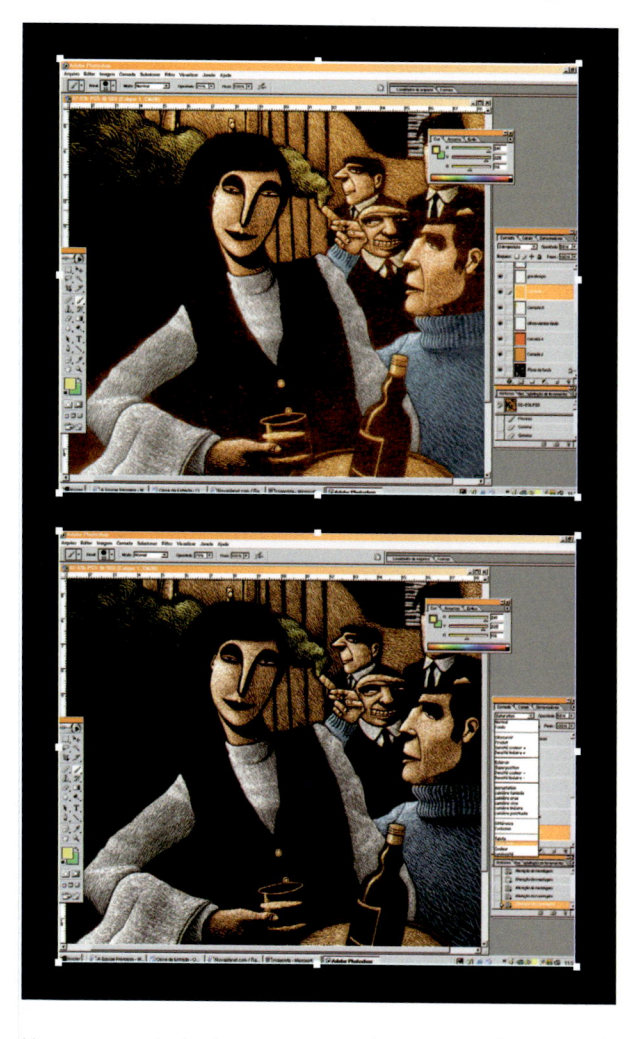

Uma vez as principais *cores* **nos seus lugares,**
me dou conta de que a imagem
está muito saturada.

49

Etapa 4

A cueca xadrez

Todas as cores estão agora nos seus lugares, e o equilíbrio começa a se estabelecer. Entretanto, meu personagem principal, a garçonete, não se destaca o suficiente dos outros convivas. Para remediar isso, decido dar um pequeno toque exterior à sua indumentária.

Como se trata de um ambiente de pub, nada como um colete xadrez (elemento gráfico por excelência) para valorizar a garçonete. Então, pego a minha cueca xadrez preferida e a escaneio sem cerimônia.

Eu a importo para uma nova camada, colocando-a ao nível do colete, depois, faço uma seleção rápida com o laço. A seguir, inverto a seleção e apago o supérfluo do xadrez.

Falta apagar o que está sobrando e posicionar o pedaço de tecido restante sob a camada Saturação para que ela se dissolva no ambiente vivo da ilustração.

Importar um padrão diferente do resto da ilustração possibilita enriquecer minha imagem, acrescentar um elemento gráfico com o xadrez, dar uma indicação de lugar e destacar o personagem principal. ∎

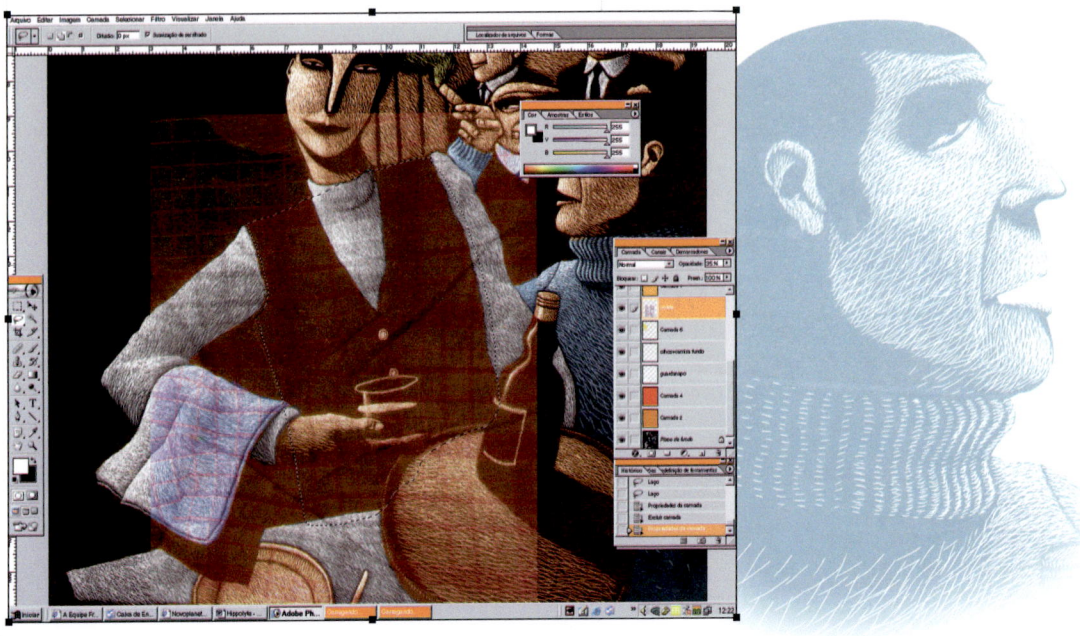

06 – London Pub

Etapa 5

Achatar, retocar, finalizar

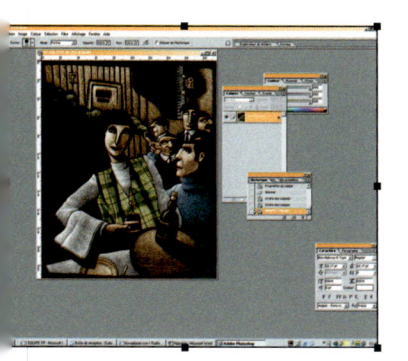

A ilustração aproxima-se de seu fim. Vem, agora, a formidável etapa de achatamento da imagem (Camada> Achatar Imagem). E aqui – oh, surpresa! – minha imagem desbota-se de uma maneira tosca! Eu me esforço, então, para gerenciar os diferentes canais de cores a fim de chegar ao resultado desejado.

Pequeno toque final: acrescento uma informação de tempo e de lugar colocando o texto na parte vazia da imagem, onde há mais espaço, o que reequilibra o desenho e lhe confere um pequeno toque gráfico... Está pronto! ■

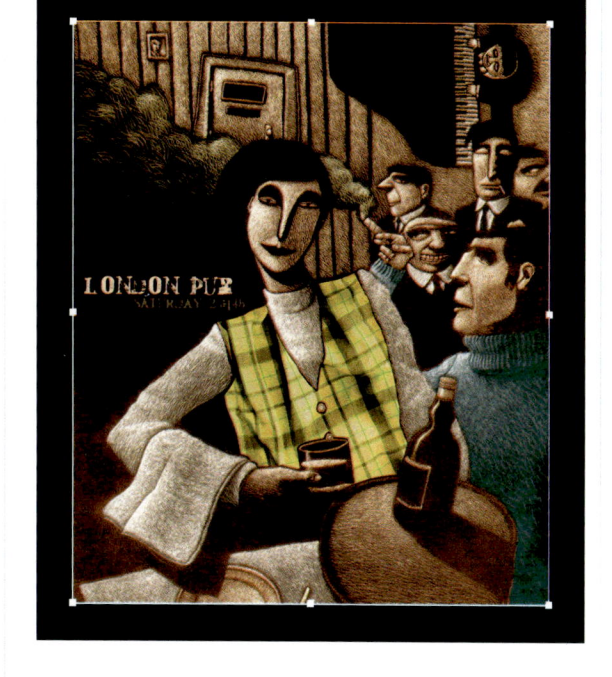

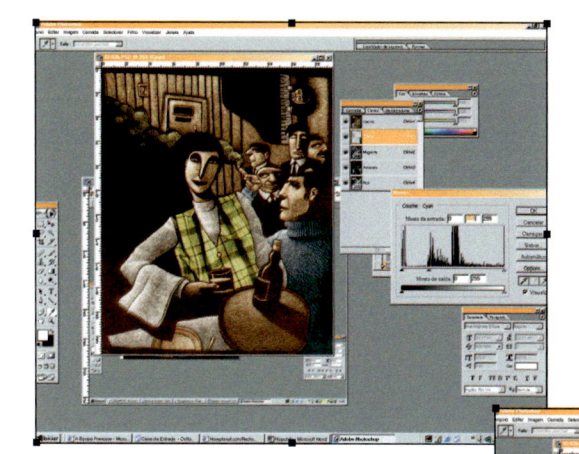

Na janela Canal, trabalho separadamente diferentes canais fazendo variar os níveis. Depois, jogo com esses níveis sobre a imagem global. Uma vez alcançado meus objetivos, enquadro a imagem de maneira a eliminar as margens em excesso, que são deselegantes.

51

O caminho que se perde na floresta, o pátio em frente, a confeitaria... Tudo pode servir de inspiração para uma história. A realidade oferece à fotografia uma fonte inesgotável de ambientes e atmosferas. Foi nesse espírito que captei esta ilustração de volta às aulas para um livro para crianças, com um desejo de buscar, no cotidiano, o material que serviria ao meu imaginário e com a possibilidade de apoderar-me de lugares que não existem mais senão nas minhas lembranças.

ateliê 07

JOËL LEGARS

Material utilizado
- IBook 700 MHz – 256 Mb de RAM
- *Scanner* Canon Canoscan N1240U

Software utilizado
- Photoshop 4

A Volta às Aulas

Cenário inicial — *Personagens* — *Imagem final*

Esta ilustração faz parte de uma série de álbuns destinados à primeira infância das Edições Callicéphale. Aqui, o tema desenvolvido evoca o universo escolar, mais especificamente, o de volta às aulas. A partir do texto de Anne Schwarz-Henrich, minha ambição era despertar, através de minhas próprias lembranças, momentos emocionalmente fortes, de compartilhá-los e de suscitar o gosto pela imagem e pela leitura nas crianças. Utilizei, para isso, uma técnica que associa pintura e fotografia. Mesmo que, *a priori*, a mistura de dois meios artísticos de expressão nunca seja óbvia, tentei, aqui, abordá-la sob o ângulo do sonho e da realidade. O método requerido fica relativamente simples, ele não precisa da utilização de um material muito sofisticado, mas exige intuição, bem como as ferramentas potentes e criativas que o programa da Adobe oferece.

Minha ambição era (despertar, através de minhas próprias lembranças, instantes emocionalmente fortes.*

ILUSTRAÇÕES COM PHOTOSHOP

Etapa 1

Do texto à imagem

É o texto que serve de guia em primeiro lugar: para este trabalho, uma canção infantil de Anne Schwarz-Henrich. Eu me impregno dela a fim de direcionar minha inspiração pela história bem como pela música das palavras.

Atmosfera

O ângulo da captura da imagem e do estilo arquitetural da escola vão contribuir para compor a atmosfera geral. Fotografei, para isso, o pátio de recreação de uma antiga escola primária que se tornou secundária, no *12º arrondissement* de Paris (com autorização prévia do diretor do estabelecimento). Nesse caso, a sensibilidade do filme utilizado, de 400 ASA, não foi determinante. Na verdade, quanto maior a sensibilidade de um filme, mais visível é o grão na fotografia. Veremos que as modificações feitas na imagem apagarão esse grão para chegar a um acabamento mais pictórico. O negativo revelado é escaneado direto para o Photoshop. ∎

Patapluf e Pataplão
No grande pátio de recreação,
Reencontram seus coleguinhas e
um amigo trapalhão
Que tagarelam de montão.
Patapluf conta do verão
Em que armou uma enorme confusão
Pataplão, o loiro-alemão,
Mostra as bochechas que estão
num vermelhão.
Patapluf e Pataplão
Cochicham na fila
com os pés firmes no chão
Que eles tomaram a decisão
De serem bem obedientes. E como não?!*

Localização

Resta-me apenas visualizar o todo e encontrar um lugar que se aproxime o máximo possível de minha primeira idéia. Geralmente, começo fazendo alguns rascunhos, depois, como nesse caso, saio em busca de uma escola que corresponda aos meus critérios: nem muito moderna, porque poderia se parecer com tudo, menos com uma escola, nem muito antiga, porque as crianças de hoje não se reconheceriam nela.

Encontrei minha imagem de (partida durante um de meus passeios.

*N. de T.: Texto adaptado.

07 – A Volta às Aulas

Etapa 2

Preparação

Idealmente, essa fotografia cumprirá o papel do cenário. Entretanto, tenho a preocupação de, no final, obter uma ilustração legível. Eu preciso retocar algumas pequenas partes da imagem para não perturbar o olhar com detalhes supérfluos. Aplico uma camada sobre a imagem de fundo a partir da qual silhueto as duas áreas que desejo trabalhar novamente (com a ferramenta Caneta). Dos dois traçados obtidos, pego duas seleções que não me esqueço de salvar. A primeira inclui o céu; um simples *dégradé* reforçará a sensação de verão chegando ao seu fim.

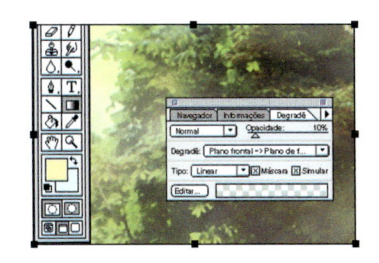

A ferramenta Pincel dá, pela justaposição de tons vizinhos, o aspecto desejado à segunda seleção.

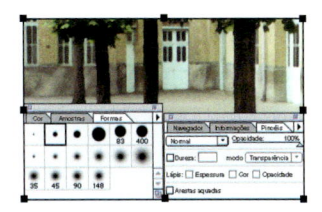

Depois de ter selecionado a imagem em seu conjunto, aplico a função Mediana (menu Filtro> Ruído) a fim de atenuar a parte mais "fotográfica" da ilustração.

Eu lhe dou ainda mais relevo acentuando os contornos (menu Filtro> Nitidez> Máscara de Nitidez) para que minha composição se pareça, agora ainda mais, com uma pintura. Esta etapa mostra-se importante uma vez que a imagem logo acolherá personagens pintados.

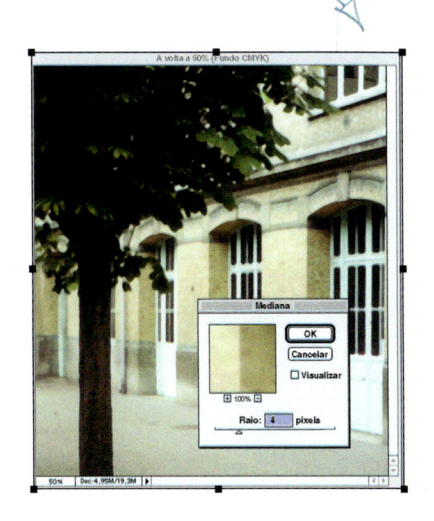

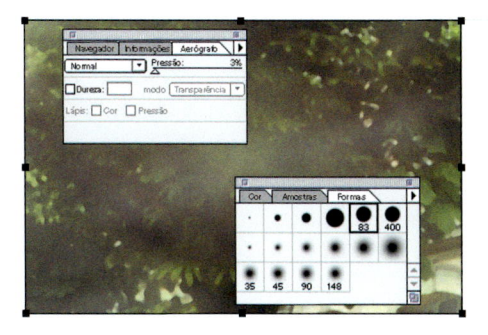

Ambiente

Quero, enfim, dar à cena um toque mais matinal, acrescentando-lhe algo semelhante à bruma. Sobre uma nova camada, com o Aerógrafo, tenho o cuidado de trabalhar por canais sucessivos, aplicando uma pressão da ferramenta bastante leve, de uma sensibilidade de 1 a 4%. ■

55

ILUSTRAÇÕES COM PHOTOSHOP

Etapa 3

Criação dos personagens

Com esta etapa, entro, sem dificuldade, no imaginário e na criação. Trata-se agora de passar de um cenário, de uma imagem estática portanto, para um pátio de recreação animado, no qual crianças se encontram depois de longas semanas de férias. Comecei fazendo um certo número de esboços em folhas soltas a fim de apreender cada personagem.

A representação de animais é comum em livros infantis porque as crianças mergulham facilmente em um universo que lembra o de seus brinquedos.

Encenação

Uma vez que os caracteres visuais dos escolares estejam estabelecidos, edito uma cópia, em preto e branco, da imagem de partida para colocar nela meus personagens.

Essa maneira de executar, ainda que pouco ortodoxa, tem o mérito de facilitar meu trabalho: possuo as referências necessárias para posicionar minhas figuras antes de integrá-las definitivamente na imagem.

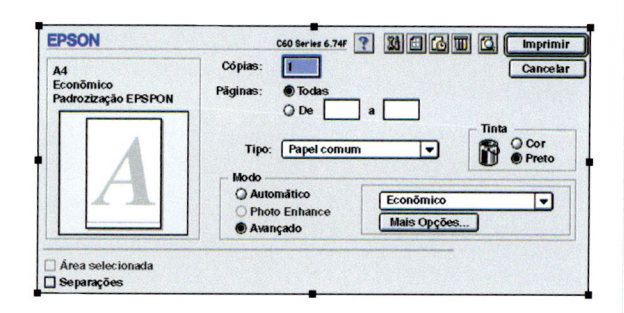

Escolho o modo Econômico (opção de propriedades da impressora) a fim de obter uma impressão excessivamente pálida, com a idéia de desenhar a lápis diretamente sobre o papel. A dificuldade reside no processo de integração, já que será preciso desenhar dois universos totalmente diferentes sem que pareçam artificiais... Desenho os personagens levando em consideração o espaço que me foi dado, os elementos do cenário (árvores, janelas, etc.), a perspectiva... ∎

Etapa 4

Colorização

Para a colorização dos personagens, primeiro, escaneio o rascunho em modo CMYK (destinado ao impressor), a uma resolução de 300 dpi. Existem duas formas de colorizar. A primeira utiliza a paleta de Photoshop e inclui as crianças, os pássaros e as pastas, com exceção do primeiro plano que será executado em acrílico.

A matéria bruta da pintura sugere ainda mais o sentimento de vida.

Nesse novo documento, acrescento uma camada e silhueto, com a caneta, os elementos que serão submetidos à primeira forma de colorização. Cada traçado obtido corresponde a uma seleção. Peguemos, por exemplo, o urso loiro, no segundo plano à direita.

Delimito um circundado grosseiro com o Pincel.

Escolho, a seguir, um valor mais claro em Amostras de Cores, que aplico ao conjunto do personagem aparando os contornos.

O acréscimo de canais sucessivos, sempre mais claros e luminosos, permite modelar o personagem. É preciso então utilizar o Pincel, jogando com a pressão da ferramenta (1 a 10%).

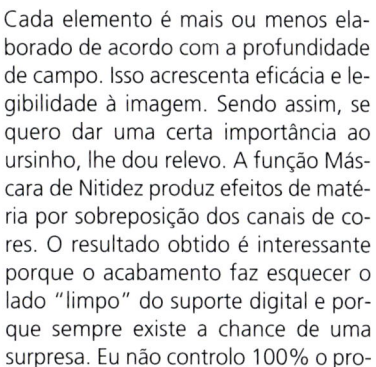

Cada elemento é mais ou menos elaborado de acordo com a profundidade de campo. Isso acrescenta eficácia e legibilidade à imagem. Sendo assim, se quero dar uma certa importância ao ursinho, lhe dou relevo. A função Máscara de Nitidez produz efeitos de matéria por sobreposição dos canais de cores. O resultado obtido é interessante porque o acabamento faz esquecer o lado "limpo" do suporte digital e porque sempre existe a chance de uma surpresa. Eu não controlo 100% o processo de criação, assim como um pintor não domina os acidentes de percurso que, entretanto, lhe oferecem maravilhas...

Imprimo, a seguir, o rascunho (sempre acessível pela imagem de fundo) sobre um papel mais espesso, melhor adaptado ao acrílico. (O acrílico seca muito rápido e aceita várias camadas, diferente do guache que fica com um aspecto craquelê.) Utilizo água como ligante e trabalho por sucessão de cores sólidas. A sobreposição de cores sólidas sugere o volume aqui também; e os traços produzidos pela fricção de brochas e de pincéis, a matéria.

Sempre obtenho minhas cores sólidas depois de misturar diferentes tons; o acrílico oferece uma diversidade de cores vivas, que, utilizadas puras, produzem um efeito muito elétrico.

Para terminar, escaneio e silhueto os três personagens do primeiro plano. ■

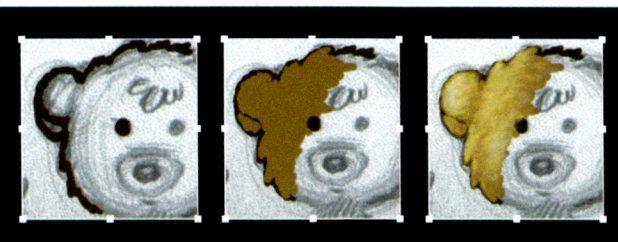

Etapa 5

Integração

Agora que todos os elementos estão à minha disposição, tenho apenas que integrá-los ao cenário. Utilizo a ferramenta Mover para deslizá-los em direção à imagem de destino, reportando-me ao esboço de referência. Por segurança, atribuo uma camada por personagem, o que facilita os diferentes ajustes que efetuarei a seguir. Quando a cena está finalmente completa, convém modificar a coloração deste ou daquele detalhe para a coerência do conjunto; a função Curvas permite facilmente retificar um detalhe mínimo.

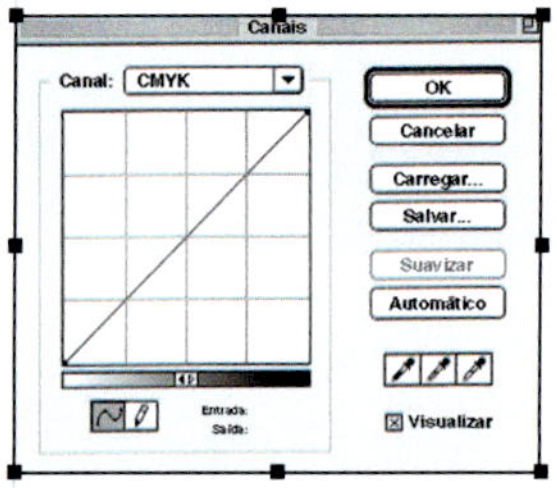

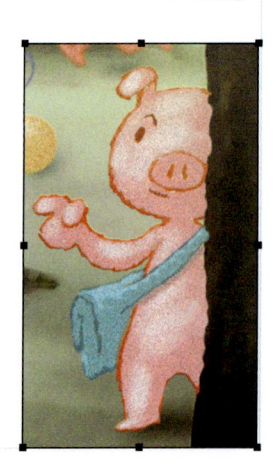

Então aumento essa parte da imagem, mascaro a camada em que está o porco e, depois, silhueto a parte do tronco que o tapa. Obtenho uma seleção, faço reaparecer a camada e suprimo, enfim, o que aparece.

Nesse estágio da realização, não hesito em tomar distância em relação à minha imagem nem em considerar o que poderia ser melhorado. Assim, somente em um segundo momento acrescento os dois pássaros na parte superior da imagem, à qual faltava um pouco de vida: o pássaro azul na árvore (abaixo) e o pássaro violeta, contra a coluna à direita. Isso contribui para tornar mais dinâmica e mais arejada essa cena de reencontro.

As cores selecionadas para esta ilustração devem condizer com o público almejado. Trata-se, nesse caso, de crianças com idades entre três e seis anos; é importante, portanto, utilizar cores vivas.

Cuido igualmente para que as peças acrescentadas no fundo se integrem corretamente. Por exemplo, uma parte do porco rosa deve estar completamente escondida pela árvore.
Infelizmente, alguns elementos aparecem.

07 – A Volta às Aulas

Etapa 6

Profundidade

Para terminar, algumas manipulações são delicadas se quero que diferentes elementos da imagem se fundam naturalmente em seu ambiente. Vou considerar cada personagem de acordo com a profundidade da cor. A título de exemplo, empenho-me em fazer com que as crianças do fundo sejam menos precisas ou, até mesmo, desbotadas; utilizo a função Desfoque Gaussiano no menu Filtro do Photoshop. Repito a operação com outras crianças, escolhendo um grau de atenuação que corresponda ao seu distanciamento.

leve, na ordem de 1 ou 2%, jogando depois com a opacidade da camada se a sombra parecer muito densa.

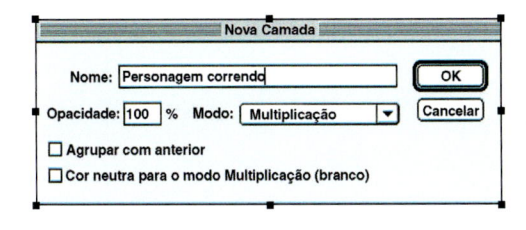

Usei o Photoshop como se tivesse usado tinta ou lápis de cor, aproveitando suas aplicações como um formidável instrumento. Esse programa me permitiu conceber o que de outra foma seria impossível concretizar: a junção do sonho com a realidade. ■

Sombras

Um acréscimo de sombras dará roupagem à composição, realismo, bem como relevo. As camadas sobre as quais vou agora operar serão colocadas acima de todas as outras. Detalhe importante: eu as seleciono em modo Multiplicação porque quero evitar encontrar, mais tarde, uma mancha escura que não se pareça com nada.

Com a ajuda da ferramenta Aerógrafo, trata-se aqui de agir com delicadeza optando, mais uma vez, por uma pressão bem

A natureza se descobre com seus jogos de sombra e de luz, é o que eu também quero levar às minhas pinturas.

É preciso saber encontrar o meio-termo entre o excessivo e o insuficiente; assim, observo minha ilustração tomando distância em relação ao monitor do computador, da mesma forma que faria diante de uma tela colocada sobre um cavalete. Utilizo o zoom do Photoshop, reduzindo progressivamente o tamanho da visualização, a fim de ter uma visão holística da ilustração. Eu me coloco então como observador de um centro histórico cambiante ao longo das horas passadas durante a realização desta imagem, de uma vida feliz apegada às particularidades dos lugares.

ateliê 08

ANTOINE QUARESMA

Material utilizado
- Máquina fotográfica Zenith + *zoom*
- Pentium III 1GHz
- 256 Mb de RAM
- 20 Gb de disco rígido
- *Scanner* HP Scanjet 4470C

***Software* utilizado**
- Photoshop 7

Viagem ao Porto

Croquis preparatório — *Colorização*

Imagem final

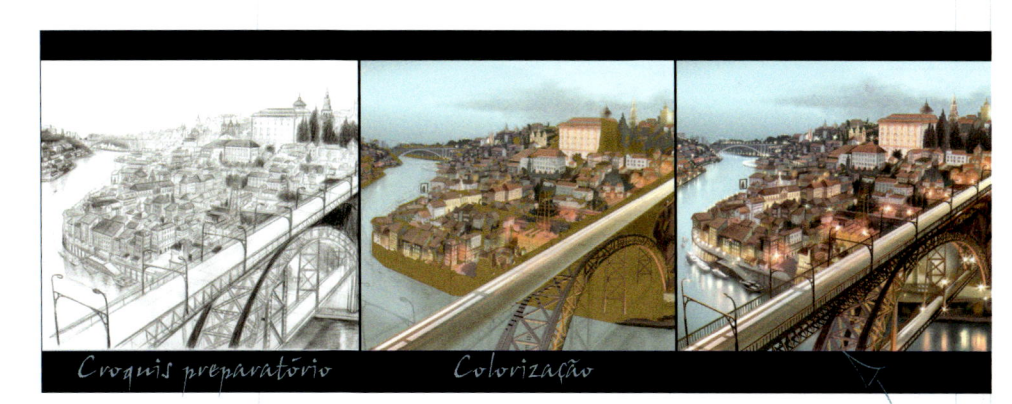

Paralelamente à sua tese de doutorado sobre as estruturações e modificações territoriais em Portugal nos séculos XIX e XX, Manuel Nabais Ramos me fez uma proposta para colaborar em um projeto de álbum ilustrado sobre a cidade de Porto.

O objetivo dessa obra ilustrada era retraçar o histórico da "Capital do Norte" e colocar em evidência o dinamismo econômico e cultural dessa cidade. Na verdade, o autor e eu queríamos também fazer o leitor descobrir, através dessa antologia, as diferentes formas de arte lusitana.

Dentre as diferentes ilustrações deste livro, convido você a descobrir uma forte imagem de meu diário de bordo de viagens, no instante fugaz em que a noite mostra sua paleta de cores sobre as margens do Douro, o rio de ouro no qual dançam os mil reflexos luminosos do Porto.

Essa imagem é um (convite às viagens, de ontem e de amanhã, ao Porto.

ILUSTRAÇÕES COM PHOTOSHOP

Etapa 1

Desenho preparatório a lápis

A melhor forma de restituir ou de traduzir o ambiente tão particular que reina às margens do Douro, entre Porto e Vila Nova de Gaia, era visitando o local por alguns dias. Então viajei até a cidade do Porto, em julho de 2002, e tive tempo de fazer alguns rascunhos rápidos, observando a ponte Dom Luis I. Nessa ocasião, percorri a Vila Nova de Gaia, cidade situada na outra margem do Douro, de frente para o Porto, onde tive a oportunidade de descobrir o monastério da Serra do Pilar, ponto de límpida vista sobre a cidade do Porto e seu rio dourado.

Tendo visualizado bem a configuração dos lugares durante todo o tempo de minha estada, a seguir, me baseei nos esboços e nas fotos para compor um desenho a lápis que estivesse o mais de acordo possível com a organização dos arredores da ponte. ■

> **Preocupado em** *retranscrever* **uma imagem fiel** *dos lugares, tirei algumas fotos que vieram completar os esboços.*

Preocupado em retranscrever uma imagem fiel dos lugares, tirei algumas fotos, que vieram a completar os esboços feitos a lápis. Modifiquei os tons dessas fotos no Photoshop a fim de me aproximar ao máximo das cores que almejava para minha ilustração.

Fotos tiradas a partir de Vila Nova de Gaia

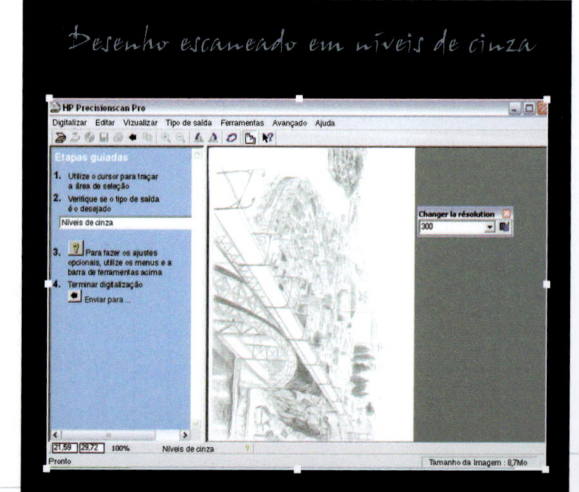

Desenho escaneado em níveis de cinza

62

08 – Viagem ao Porto

Etapa 2

Recuperação e tratamento da imagem

Uma vez transferida a imagem para o Photoshop, ajusto o parâmetro da imagem em modo CMYK. A fim de obter uma transparência entre cada traço do desenho, escolhi o modo Multiplicação para a referida camada. Esse procedimento é interessante para colorir um desenho feito a lápis, de preferência um desenho com traços limpos, ou seja, sem efeitos de sombras ou de volume. Com esse tipo de desenho, as diferentes superfícies que o compõem são mais legíveis.

Como um pintor em frente à sua tela, é bom proceder de forma metódica na maneira de abordar o trabalho de colorização, "colocando", sucessivamente, as cores sólidas correspondentes aos diferentes blocos que compõem o cenário.

Colorização por cores sólidas

Primeiramente, seleciono toda a área de trabalho. Depois, em uma camada nomeada "Céu", que é o elemento gráfico disposto no último plano, preencho a totalidade da área de trabalho com uma cor azul céu.

Através do menu Selecionar> Inverter, coloco a cor sólida mais representativa do elemento solo, sobre uma camada que chamo de "Solo".

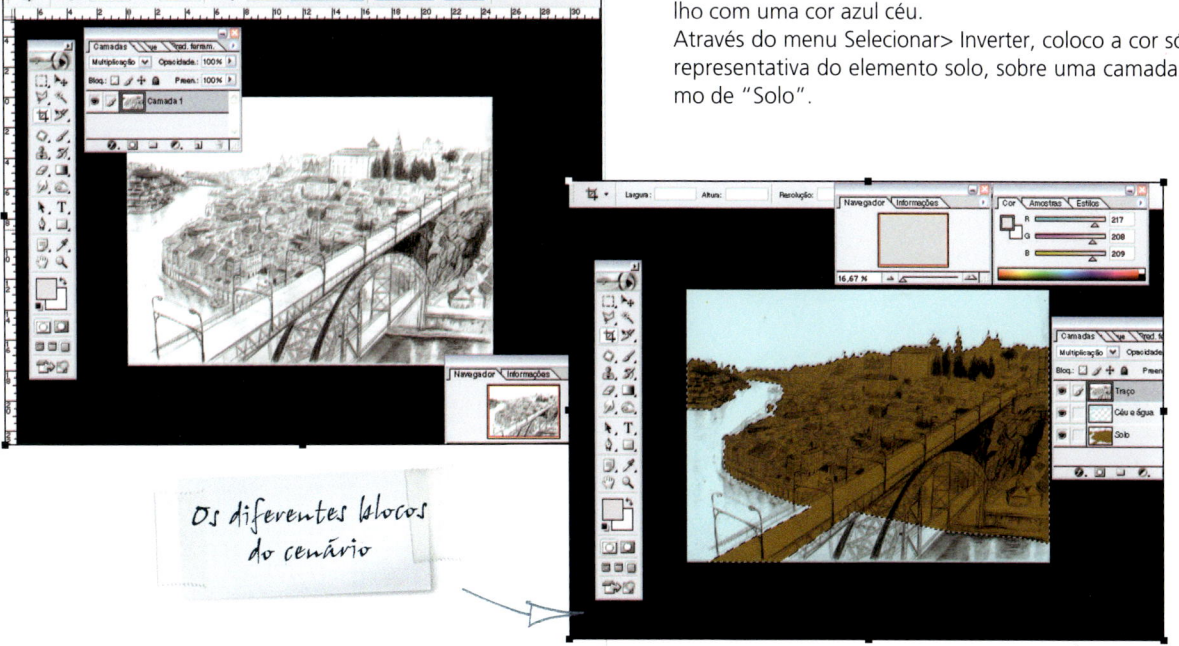

Os diferentes blocos do cenário

Como um *pintor, é bom proceder de forma metódica.*

A camada que corresponde ao desenho, em modo Multiplicação, foi batizada de "Traço". Ela ficará em uma boa posição, na janela Camada, acima de todas aquelas que criei. ■

63

ILUSTRAÇÕES COM PHOTOSHOP

Etapa 3

Brilho, matiz e saturação

Neste estágio, é importante colocar as cores do rio em harmonia com as do céu. Antes de qualquer coisa, eu adorno este último com algumas nuvens feitas com a ferramenta Aerógrafo, a uma opacidade de 80%, e uma gama de cores escolhidas no seletor previsto para esse efeito.

Para uma paisagem natural, as cores de plano de fundo deverão ser escolhidas nas matizes com base no azul dessaturado. O fato de dessaturar o plano de fundo em relação ao plano intermediário, depois ao primeiro plano, dá pertinência à leitura da imagem e acentua o efeito de perspectiva.

Busco a base cromática *através da opção Brilho, Matiz e Saturação em selecionar.*

Seleção com difusão

Para operar prontamente em relação às diferentes tonalidades de uma área determinada por uma seleção feita pelo laço, tenho, por hábito, buscar a base cromática através da opção Brilho, Matiz e Saturação com difusão, cujo parâmetro é estabelecido em função da natureza do elemento tratado.

Procedo da mesma forma em seleções rápidas, feitas com o laço Poligonal na camada Solo para operar, desta vez, sobre os telhados das construções com o objetivo de buscar a cor que melhor convirá: para fazer isso, passo do plano de fundo para o primeiro plano. ■

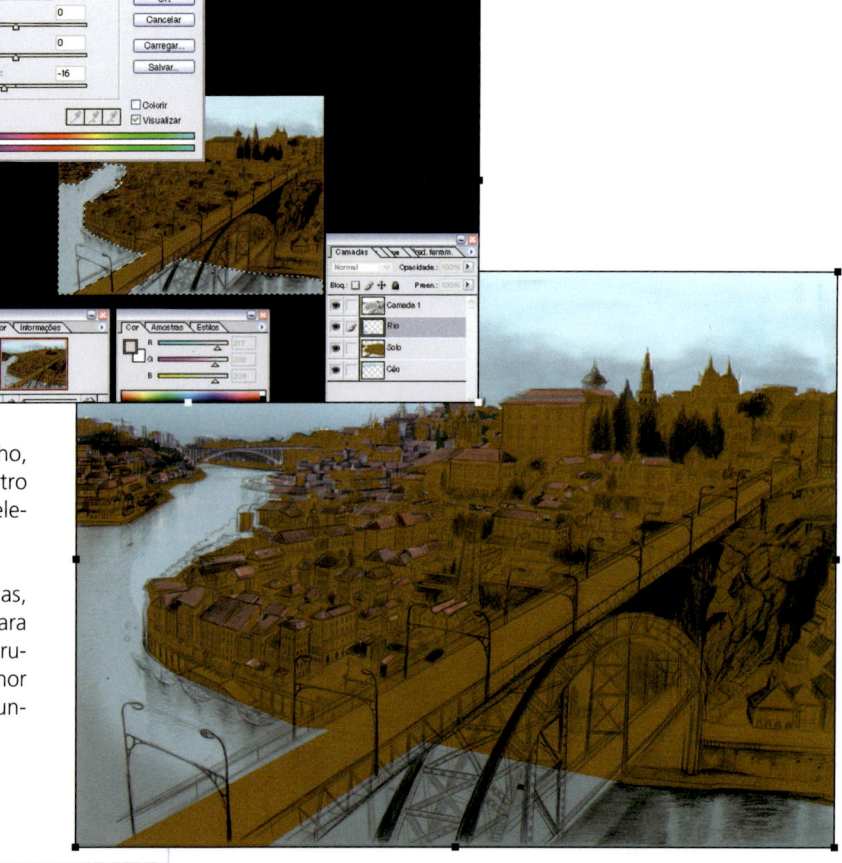

08 – Viagem ao Porto

Etapa 4

Trabalho dos volumes com o Pincel

A pintura e o desenho – feitos através do método tradicional ou de ferramentas digitais como o Photoshop – vivem de relações, e é por isso que me empenho para nunca pensar em uma parte isolada do conjunto. Assim, neste estágio, emprego o Pincel a uma opacidade 70, tendo como parâmetro minha paleta gráfica para obter uma sensibilidade bastante amena. Trabalho ainda sobre o plano de fundo em direção ao primeiro plano, por toques sucessivos, de maneira a dar uma noção de volume às paredes e aos telhados das casas. Para isso começo pelas faces sombreadas, depois, passo às faces expostas à luz.

Pincel a uma opacidade 70

Avançando em direção ao primeiro plano, evito crer que a paleta de múltiplas opções está apta a deixar a ilustração mais colorida: ao contrário, a mais sóbria afirma-se, freqüentemente, a mais expressiva. Pego, com a ajuda do Conta-gotas, cores já usadas aqui e ali a fim de unificar a aparência de minha composição.

A exemplo dos preceitos de Roger Bissière, pintor francês do século XIX, que evoluiu do cubismo para a abstração, procuro não atacar todos os problemas de uma só vez; sem tal cuidado, correria o risco de me perder na complexidade do tema.

Para controlar a legibilidade das formas pintadas bem como a organização de certas cores em relação às outras, diminuo, momentaneamente, a opacidade da camada Traço. ■

Controle de legibilidade das formas

65

ILUSTRAÇÕES COM PHOTOSHOP

Etapa 5

A ponte Dom Luis I

Discípulo e colaborador de Gustave Eiffel, Teófilo Seyring construiu esta ponte que abraça o Douro entre Vila Nova de Gaia e Porto. Inaugurada em 31 de outubro de 1886, essa edificação tem como base uma arquitetura de ferro, com um arco de 442 metros, e duas vias de circulação, uma para os pedestres e a outra para os carros. Três mil toneladas de ferro foram empregadas na sua construção.

Selecionar laço poligonal

Utilizo a ferramenta Caneta, transformo o traçado em seleção, depois preencho a forma com uma cor adaptada ao primeiro plano.

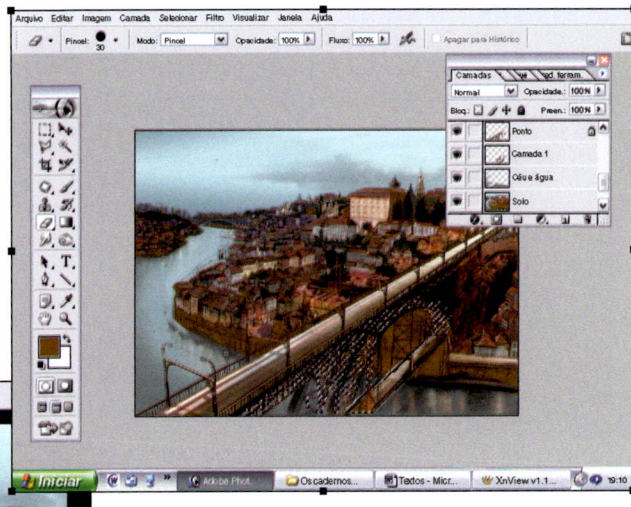

A segunda fase consiste em fazer aparecer a parte inferior da ponte com suas próprias cores, menos saturadas. Os múltiplos cruzamentos das partes metálicas tornam delicada, ou até mesmo confusa, a construção gráfica. Parece-me indispensável dissociar a primeira via da segunda. Com esse processo de seleção em níveis de camadas independentes, é fácil trabalhar, a seguir, com um *dégradé* para dar volumes de luz que se opõem aos *dégradés* mais escuros das partes situadas na sombra. ■

Para essa imagem, recorri a duas camadas para ilustrar a ponte. A primeira, que corresponde à parte superior, retoma o desenho feito a lápis por uma seleção com o laço poligonal, sendo a ponte uma realização fundada sobre formas geométricas bem definidas. No que diz respeito à seleção do arco, utilizo a ferramenta Caneta, transformo o traçado em seleção, depois preencho a forma com uma cor adaptada ao primeiro plano.

08 – Viagem ao Porto

Etapa 6

A cidade se ilumina

Como em toda paixão, é preciso se fazer desejar. E eu retardei o momento de prazer supremo que é iluminar a cidade.

Para as luzes da ponte superior, conjugo a ferramenta Aerógrafo com os *dégradés* bem luminosos em modo Normal para as áreas da camada que ficaram transparentes.

A forma de (**estrela** do raio luminoso
é feita pela seleção com o laço poligonal com uma leve difusão.

Quanto à forma de estrela do raio luminoso, ela é feita pela seleção com o laço poligonal com uma leve difusão. Caso seja preciso, acrescento um efeito de Desfoque Gaussiano a 1,2, levando em consideração o fato de que a tonalidade das luzes diminui com a distância dada pela perspectiva. ■

Para essa operação, trabalho com a ferramenta Aerógrafo, em modo Subexposição e opacidade de 90%, a partir de uma cor alaranjada, intuitivamente escolhida na gama de cores já onipresentes nos telhados da cidade.

A tentação de abusar dos efeitos luminosos é grande. No caso de não ser bem dosada a multiplicação das fontes de luz, corre-se o risco de perturbar o olhar do espectador, que é sempre atraído, em primeiro lugar, pelos elementos mais luminosos de uma composição pictórica, seja ela qual for.

67

ILUSTRAÇÕES COM PHOTOSHOP

Etapa 7

O Douro é de ouro

Quando se vê o rio Douro deslizando languidamente sob as pontes, em um movimento eternamente repetido, parece que seus aluviais têm um conteúdo aurífero. Talvez seja isso que lhe confira seu magnífico aspecto de paetê quando Febo se faz presente.

Ferramenta Aerógrafo

Para chegar à verossimilhança dessas jóias ondulantes, a ferramenta Aerógrafo, a uma opacidade reduzida em modo Subexposição, parece-me bem apropriada: combinando-a com a extrema maleabilidade de uso da paleta gráfica, a sensação de voluptuosidade das águas é quase palpável.

Sobre esses mesmos reflexos situados no primeiro plano, crio uma seleção com difusão de 40%. Nela, aplico um filtro Ondulação média a fim de dar pertinência ao elemento tratado.

É preciso observar que teria sido mais simples duplicar a camada na qual se encontravam as luzes, fazê-la girar 180°, diminuir a opacidade e jogar com os diferentes modos de camada. Mas, em vez de explorar as múltiplas possibilidades do programa, as quais permitiriam economizar um tempo considerável, preferi prolongar o prazer e utilizei o Aerógrafo, cuidando para dirigir o reflexo de cada luz na água de acordo com a perspectiva da cena.

Sobre certas áreas de reflexo, aplico um leve Desfoque de Movimento no sentido horizontal para representar o movimento linear das águas. ■

Desfoque de Movimento, sentido horizontal

08 – Viagem ao Porto

Etapa 8

Os barcos

Na ilustração, barcos de passeio e pequenas embarcações de pescadores são colocados ao lado de inevitáveis rabelos – esses navios eram utilizados para o transporte do vinho do Porto e hoje apenas fazem parte do cenário, porque são empregados meios mais rápidos e melhor adaptados ao comércio. O pequeno porto de Ribeira perderia sua alma sem sua presença, e eu não poderia evocar o Porto e sua principal atividade sem esses diferentes barcos.

Estando esses elementos do cenário situados em um plano intermediário, não é necessário detalhar muito. Assim, a partir de seleções operadas sobre o desenho feito a lápis, tentei dissolver as diferentes cores dos cascos direto em seu ambiente.

A partir de seleções operadas sobre o desenho feito a lápis, tentei dissolver as diferentes cores dos cascos em seu ambiente.

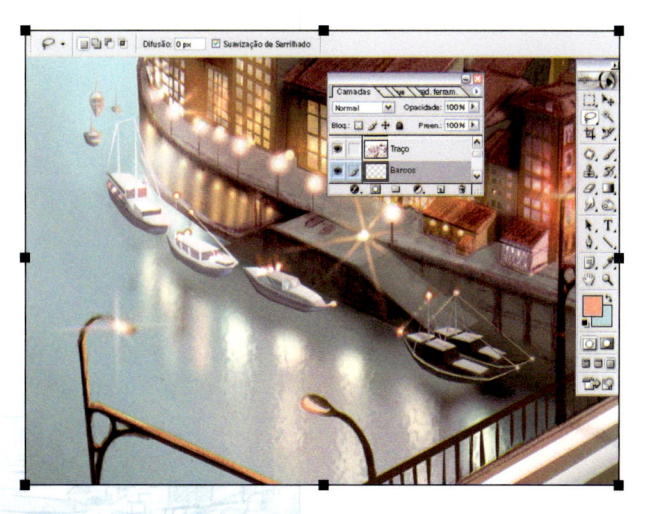

À mão livre, respeitando a perspectiva, a seguir é preciso desenhar a forma das sombras projetadas sobre a água, com a ferramenta Laço, na camada em que está incluída a água. É preciso, então, buscar o brilho e a tonalidade da sombra pelo atalho Ctrl+U correspondente ao menu Matiz/Saturação. Feito isso, o desenho está pronto! ■

Traçado da forma das sombras

O essencial, a partir do momento em que se começa a imaginar uma imagem, é criar um pretexto para um novo desafio, para uma feliz experimentação — mesmo que, às vezes, criar uma ilustração possa ser trabalhoso, fonte de muitos tormentos e questionamentos. É preciso saber ultrapassar seus reflexos e suas influências para oferecer outra coisa ou se renovar pessoalmente. O desenho é uma paixão e um trabalho de todos os dias, ainda que consista apenas em levantar a cabeça e observar um pouco mais as pessoas na rua. Talvez um de meus aspectos preferidos...

ateliê 09

MARGUERITE SAUVAGE

Material utilizado
- PC – 256 Mb de RAM
- 2 discos rígidos (15 e 30 Gb)
- Mesa digitalizadora Wacom Intuos A5
- Monitor de 19 polegadas liyama
- Lápis col-erase e lápis litográfico

***Software* utilizado**
- Photoshop 6

À Beira da Piscina

O cenário — *A cor*

Imagem final

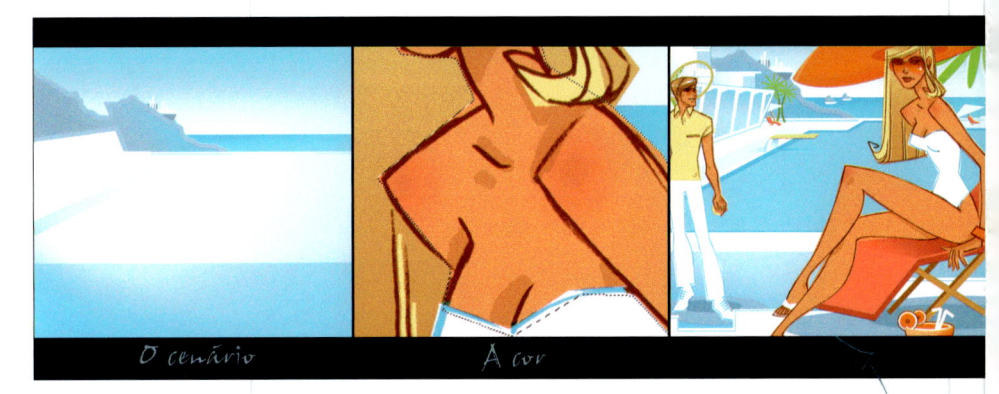

Esta ilustração é, para mim, uma ilustração completa, com personagens e cenário, bem representativa de meu estilo. Ela foi o terreno de experimentações cujos usos preservo ainda hoje. Foi feita para o número de verão de 2002 da *TGV Magazine*, editado pela agência Textuel para a SNCF (Sociedade Nacional Ferroviária). Essa publicação mensal, distribuída aos usuários dos TGVs (trens-bala) na França, tende a ser de alto nível, ou seja, uma revista sobre a arte de viver, com artigos de conteúdo e não um simples folheto destinado à promoção da SNCF e de seus parceiros.

Achei interessante trabalhar para esse tipo de veículo porque é um processo de criação bastante particular, entre a publicidade e a imprensa. Mais habituada a trabalhar para crianças, na imprensa e em editoras, ou para o público feminino, eu pude lançar-me intensamente na criação do universo que circunda meus personagens, criar pequenos detalhes decorativos ou atitudes diferentes.

Para este tipo de publicação, a **liberdade** da proposta é bastante vasta, e geralmente são poucas as modificações exigidas.

ILUSTRAÇÕES COM PHOTOSHOP

Etapa 1

Briefing

Esta ilustração foi a de abertura para o caderno regional da revista; seu formato grande (17,5 x 18,5 cm) me possibilitou trabalhar os detalhes. A imagem não foi poluída pelo texto situado no alto e embaixo.

A diretora de arte queria um ambiente "muito estival, leve e fresco". Ela tinha uma idéia com a qual não concordei porque não existiam personagens (sinto um imenso prazer em desenhar homens ou mulheres): uma cidade praticamente deserta, com áreas verdes, onde o clima é bom e gatos se espreguiçam em calçadas e telhados, com óculos de sol. Ela continuava mais ou menos aberta a outras propostas: eu lhe enviei um esboço com um casal em um terraço fechado, de frente para uma cidade litorânea.

Entre a encomenda e o acabamento final, existem certas diferenças nos graus de interpretação que se sobrepõem. Geralmente, esse processo é enriquecedor: é preciso se entender bem com os clientes, sem perder o *briefing* de vista, mesmo em seu impulso criativo (caso contrário, muitas modificações deverão ser feitas, e a imagem final freqüentemente é impessoal). Formular idéias e impor seu ponto de vista é essencial. Às vezes, é difícil alcançar o equilíbrio, depende de cada um dos agentes do processo de criação.

As provas

Na primeira prova, a imagem era muito urbana e o terraço, muito fechado. Não despertava a vontade de tomar banho de sol nem de mergulhar no mar. Em uma segunda prova, mais latina, um pretendente cantava uma canção a uma "bela dama".

09 – À Beira da Piscina

Etapa 1

meu impulso, primeiro fiz o tenista com short antes de pensar em lhe colocar uma calça para conservar seu lado chique e elegante.

Em seguida, tirei o gato de cena e substituí o violonista por um homem mais sério e ativo, o público-alvo da revista. A prova seguinte colocou em cena a bela dama e um jogador de golfe (personagem que me parecia expressar bem a ociosidade estival).

Tive um cuidado especial com os rostos: um sorriso de galã americano para o homem, um ar altivo para a mulher.

Como um artigo sobre golfe estava previsto para outra edição da revista, foi preciso substituir o personagem masculino. Propus um tenista e passei à impressão e à colorização. Levada por

Desenhei minhas provas com lápis azul; o col-erase é utilizado mais freqüentemente em animações. Adquiri esse hábito quando desenhava histórias em quadrinhos e estagiava fazendo jogos. Mantive esse costume, adoro esse material. Para submeter a prova, escaneio meus rascunhos e depois os limpo grosseiramente com Pincel branco, aumentando o brilho e o contraste. Às vezes, acrescento elementos simplificados do cenário diretamente no Photoshop, utilizando formas predefinidas ou desenhando com uma paleta gráfica quando eles já não estão prontos a lápis. De tempos em tempos, também uso algumas sombras cinzas para realçar certas profundidades ou certos volumes.

Geralmente, escaneio em "cinza", é mais rápido (não é necessário enviar a prova em azul). Freqüentemente, por causa das modificações, preciso subir elementos esparsos, um personagem sobre uma folha, um objeto sobre outra, uma perna em outro lugar... um verdadeiro quebra-cabeça. Por isso coloco cada elemento em uma camada em modo Multiplicação e ajusto seus tamanhos no Photoshop para que sejam coerentes.

Antes do suporte digital, uma modificação implicava muito trabalho suplementar. Eu me pergunto se o suporte digital não sistematizou a modificação sob pretexto de facilitá-la... ■

ILUSTRAÇÕES COM PHOTOSHOP

Etapa 2

O traço

Quando o conjunto de meu esboço é validado, gravo diretamente sobre o meu rascunho de lápis azul ou imprimo minha imagem (ainda azul) com todos os elementos em seus lugares. Gravo com o lápis sobre o papel ou com o lápis litográfico para preservar o material. Eu me empenho para que sempre haja um pouco de desenho tradicional em minhas imagens. Quanto mais avanço, mais insisto sobre o desenho em seu sentido clássico. Por causa disso, cada imagem é um terreno de experimentação. Muitas pessoas enganam-se sobre minhas ilustrações, convencidas de que são vetoriais. E, efetivamente, elas se aproximam das imagens feitas no Illustrator. Meus desenhos são, entretanto, integralmente em pixel, em matéria feita e/ou importada para o Photoshop.

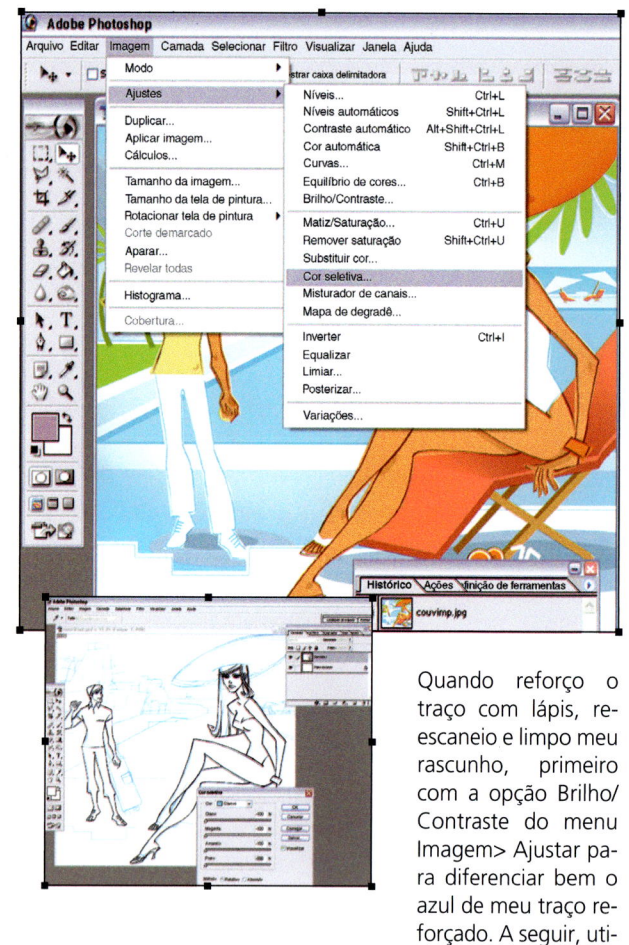

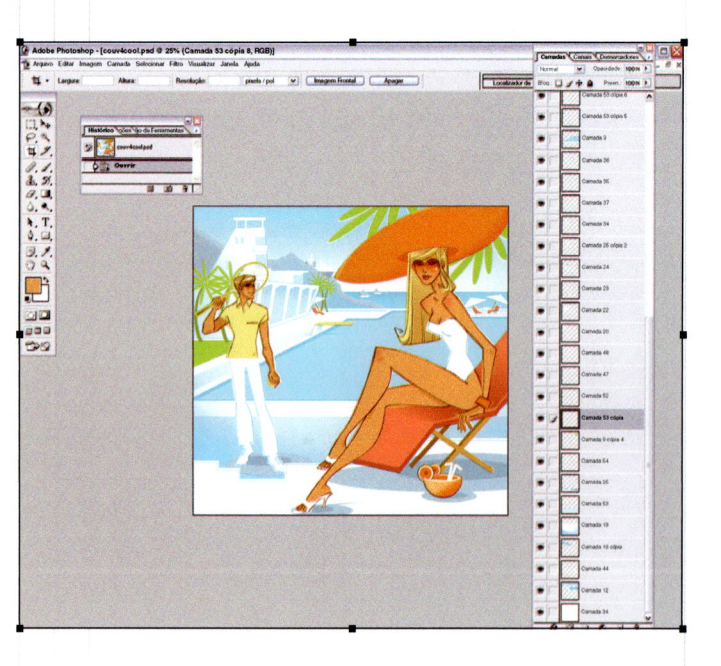

Quando reforço o traço com lápis, re-escaneio e limpo meu rascunho, primeiro com a opção Brilho/Contraste do menu Imagem> Ajustar para diferenciar bem o azul de meu traço reforçado. A seguir, utilizo as opções Cor Seletiva e Substituir Cor do Photoshop, seleciono os azuis e os faço desaparecer aumentando os cinzas e os pretos.

A questão é: "como preservar a dimensão 'desenho' tradicional de minha imagem 'materializada', e fazer dela, por causa disso, gráfica, moderna, baseada em cores sólidas, em padrões e sem traços?" Freqüentemente, minhas imagens que não deram certo foram aquelas em que faltou equilíbrio entre esses dois imperativos. Isso explica também o quão trabalhosa uma imagem pode ser mesmo parecendo simples à primeira vista.

09 – À Beira da Piscina

Etapa 2

Geralmente preservo intacta uma camada da prova em uma camada inferior de minha imagem final. Ela serve de suporte para os elementos de cenário ou para os objetos cujos traços farei desaparecer posteriormente.

Isso é, de certa forma, a armadura do desenho. Passo minha camada de elementos com traço reforçado em modo Multiplicação para o alto da pilha de camadas nas quais figuram os elementos de ilustração, mais ou menos classificados por cores, opacidades, formas...

Entretanto, a disposição das camadas é, freqüentemente, caótica no fim do processo. Sou autodidata e, às vezes, complico minha vida com o que o que estimo ser o meu "jeitinho". Talvez existam métodos mais simples para um resultado similar.

Uma vez que o conjunto da cor esteja pronto, passo os traços pretos para cores, os apago ou jogo com sua densidade. É um método que descobri recentemente, folheando, mais uma vez, um livro sobre os ilustradores de cartazes ou os trabalhos de René Gruau (que admiro). ■

Foram (ilustradores de cartazes, como René Gruau, que me revelaram as artes aplicadas.

75

ILUSTRAÇÕES COM PHOTOSHOP

Etapa 3

As cores e os detalhes

Para as cores e a mansão com a piscina na beira, eu me inspirei na atmosfera de Saint-Tropez. Trouxe documentos fotográficos e esboços de uma breve passagem nessa cidade a fim de criar um tipo de caricatura dos personagens. Pensei que o branco puro seria perfeito para as roupas e a casa.

Em primeiro lugar, subi o cenário a cores e delimitei grosseiramente as zonas coloridas dos personagens para melhor apreender o equilíbrio de cores e refletir sobre a valorização da composição da imagem.

Tanto a cor como os detalhes são essenciais para a atmosfera da ilustração. Coquetel, espreguiçadeiras, barcos no plano de fundo, palmeiras, trampolim são elementos, à primeira vista dispensáveis, mas ajudam a refinar o ambiente da imagem, a torná-la mais palpável e, em função disso, tornar o desenho mais agradável ao olhar.

O chapéu desproporcional traduz o chique, o excesso, a postura e a sedução, enquanto a posição lasciva da mulher exprime a ociosidade, as férias e o verão. Acrescento o detalhe do coquetel de frutas e das espreguiçadeiras no fundo, como um convite caloroso para se juntar aos personagens. O tênis sugere, além do chique, a atenção dada à forma física e ao bem-estar. As sombras sob os personagens dão volume à imagem e podem salientar sua composição. Aqui, os personagens são valorizados: a mulher emoldura a parte direita e convida o olhar a se demorar sobre ela.

Escolhi azuis quentes e laranjas, as cores prediletas de meu primeiro ano de exercício como ilustradora. Adoro o equilíbrio dessas cores e o bom-humor que parece emanar delas. Elas eram, além disso, absolutamente apropriadas para este desenho. Somente o cenário de fundo era mais cinza e frio, com o aspecto um pouco brumoso das paisagens litorâneas. Era preciso também que ele não afogasse a cena principal – a neutralidade das cores é uma boa maneira de evitar esse empecilho.

09 – À Beira da Piscina

Etapa 3

Trabalho quase que unicamente em cores sólidas, utilizo poucos *dégradés* nos personagens e quase nunca uso filtros. Seleciono minhas zonas de cores com o laço poligonal (gosto de seu aspecto angular). A seguir, trabalho essas seleções com o Pincel em função de seu volume e de sua luminosidade, ou defino ângulos de *dégradé* em função da luz para os cenários e os objetos.

Esse tipo de colorização é mais longo que um simples preenchimento, mas permite acentuar certas formas. Não procuro, a qualquer preço, tornar as luzes e os volumes realistas, isso não seria, aliás, muito coerente com meu traço e com meu tipo de ilustração. Meu objetivo principal, e me esforço ao máximo para isso, é que os desenhos se "mantenham" e sejam agradáveis ao olhar.

Crio muitas camadas, por cor e por elemento. Defino ângulos de *dégradé* em função da luz para os cenários e os objetos.

Da minha ilustração, depreende-se um clima de "clube chique de férias" dos anos 1970. Esses clichês retrô referem-se também a uma corrente de moda atual, que corresponde bem ao *briefing*. A partir da realização dessa imagem, outras experimentações e novas influências vieram se incorporar ao meu traço no intuito de melhorá-lo. Sempre procuro fazer imagens leves, caricaturais, otimistas, que possam interferir, de forma positiva, no cotidiano e acredito que é esse o caso aqui. ■

Não aplico uma (técnica "científica"
a cada desenho.

77

Os autores

BENGAL
Designer e desenhista de histórias em quadrinhos

Autodidata, Bengal propôs seu trabalho aos editores de quadrinhos pela primeira vez em 1998. Quando estava terminando o seu primeiro projeto de história em quadrinhos para Glénat, ele aceitou paralelamente um cargo de *designer* gráfico em um estúdio de desenvolvimento de jogos para videogame. Atualmente, prepara a seqüência de seus projetos de quadrinhos.
bengal@cafesale.net
www.cafesale.net

NICOLAS BOUVIER
Desenhista e diretor de arte de jogos

Formado em artes decorativas em 1995, Nicolas Bouvier interessou-se rapidamente pelo mundo dos jogos. Ele trabalha para o estúdio Darkworks em Paris desde 1997. Participou da realização de *Alone in the Dark 4*, um jogo de aventuras que alcançou grande sucesso em 2001, e agora é diretor de arte de diferentes projetos em andamento.
sparth@wanadoo.fr
http://perso.wanadoo.fr/arth

BENJAMIN CARRÉ
Ilustrador em editoras e *designer* de jogos

Em 1997, recém formado por uma escola de artes gráficas, a ESAG (École Supérieure d'Arts Graphiques et d'Architecture Intérieure), Benjamin Carré se lançou na carreira de ilustrador com o RPG *Néphilim* nas edições da Multisim. Em 1998, ele fez suas primeiras capas de ficção-científica para as edições *J'ai lu* e ampliou, seu campo de atuação trabalhando para Denoël, em 1999, e Gallimard, em 2001. Paralelamente, tornou-se *designer* de jogos no estúdio Darkworks com o jogo *Alone in the Dark*, editado pela Infogral. Desde então, ele continua com essas atividades (mais alguns extras: cartazes, capas de CD, quadrinhos...) e dedica-se principalmente a capas de romances e ao *design* de jogos.
www.blancfone.com

JUDITH DARMONT
Pintora

Se precisássemos encontrar uma ascendência para Judith Darmont, poderíamos imaginá-la neta de Tamara Lempicka, artista, e filha de um certo Mac Intosh, inventor de computador. Judith é pintora, ao mesmo tempo clássica e digital. [...] Ela parte de uma cena da vida cotidiana, coloca alguns padrões, cores sólidas e vivas e propõe, assim, indícios para construir história singulares [...]. Em 1989, utilizou pela primeira vez o computador, depois de ter passado por uma escola de estilismo, em Lyon, e dois anos em Jerusalém, fazendo cenários para a televisão. Desde então, começou uma década de desbravamento: ela aprendeu novas tecnologias, experimentou a escrita da multimídia, desenhou para a publicidade e participou da criação de um CD-ROM. [...]
Pierrick Allain – Télérama
jdarmont@imaginet.fr [*site* fora do ar]
www.judithdarmont.com

NICOLAS FRUCTUS
Desenhista de quadrinhos

Trabalhando desde 1991 com ilustração, Nicolas Fructus colaborou em diversas áreas gráficas de acordo com as propostas, alternando entre as séries de desenho animado, a ilustração e a publicidade. Foi como diretor de arte, no estúdio Arxel Tribe, que ele se dedicou, durante quatro anos, ao desenvolvimento de regras gráficas para jogos (*Pilgrim, Ring, Faust*...). A partir de 2000, ele voltou a ser independente e fez, principalmente, revistas em quadrinhos com a série *Thorinth*, no estúdio Humanoïdes Associés, o que não o impede, de fazer intervenções em outras áreas, como a ilustração fantástica, os cartazes ou o cinema.

HIPPOLYTE
Ilustrador *free-lance*

Nascido em 1974 em Haute-Savoie, Hippolyte mora atualmente em Clermont-Ferrand e trabalha para a imprensa nacional, para publicidade e para editoras (*Le Monde*, *Observateur*, *Le Nouvel Hebdo*, *SMV Mac*, *Le Monde informatique*, editora Nathan, editora Alain Beaulet). Dedica-se a um projeto de revista em quadrinhos, em dois volumes, que será publicado, em breve, pela editora Glénat. Na França, ele é representado pela agência Costume 3 Pièces.

hippolyte007@wanadoo.fr
www.costume3pieces.com

JOËL LEGARS
Ilustrador *free-lance*

Joël Legars publicou seus primeiros desenhos na coleção *Poche jeunesse* da editora Hachette. Após, colaborou com diferentes periódicos para crianças e participou de publicações extra-escolares, principalmente para a editora Nathan. Há alguns anos, ele ilustra álbuns voltados para o público jovem.

joel@pinceaux.com
www.pinceaux.com

ANTOINE QUARESMA
Desenhista *layoutista* e infografista decorador de interiores (especialista em cores)

Depois de estudar na Academia de Belas-Artes de Brive e no CNBDI (Centre national de la bande dessiné et de l'image), em Angoulême, Antoine Quaresma desenvolveu atividades ligadas às Artes plásticas no ensino de primeiro grau durante oito anos. Em 1998, entrou para o Studio Cartoon Express como *layoutista* e infografista decorador de interiores (especialista em cores) nos 26 episódios do desenho animado *Tristan e Iseult*, co-produção das emissoras France 3/Canal +. Em 2000 e 2001, ele atuou como infografista decorador no Studio TTK, no pólo de imagem de Angoulême, na série de desenho animado *Cartouche*, transmitida pelas emissoras M6 e Télétoon. Desde então, trabalha nas ilustrações da obra *Porto, Invitation aux voyages d'hier et de demain*, escrito pelo Dr. Manuel Nabais Ramos.

antoine.quaresma@wanadoo.fr
http://perso.wanadoo.fr/antoine.quaresma

MARGUERITE SAUVAGE
Ilustradora

Ao sair da faculdade de comunicação em 2001, Marguerite Sauvage decidiu dedicar-se à sua paixão: a ilustração. Autodidata na área, ela trabalha como *free-lance* para a imprensa, editoras, estúdios de moda e publicidade. Podemos ver seus desenhos na revista *Elle*, *Je Bouquine* ou ainda em *Jeune et Jolie*. Interessada em todo tipo de tema e de suporte, da internet ao audiovisual, passando pelo livro, ela prepara, atualmente, um projeto de revista em quadrinhos. Marguerite é representada pela agência Virginie.

margueritesauvage@margueritesauvage.com
www.margueritesauvage.com